Un curs p tău, simplu și ușor de parcurs

Realizat de *Dănuț Avram*

în colaborare cu

Iulia Țăranu

Grosvenor House
Publishing Limited

The right of Danut Avram to be identified as the author of this
work has been asserted in accordance with Section 78
of the Copyright, Designs and Patents Act 1988

The book cover is copyright to Danut Avram

This book is published by
Grosvenor House Publishing Ltd
Link House
140 The Broadway, Tolworth, Surrey, KT6 7HT.
www.grosvenorhousepublishing.co.uk

A CIP record for this book
is available from the British Library

ISBN 978-1-83975-686-3

Mulțumiri

Pentru Marieta Avram, Ina - Ana Avram,
frații și surorile mele care au crezut în mine și mi-au fost
alături în această călătorie magnifică.
Ei au fost cei care au contribuit la nașterea unor idei
sclipitoare și pentru asta le mulțumesc din suflet.

Și nu în ultimul rând ție, celui care citești această carte.
Am convingerea că drumul tău în viață va fi unul plin
de realizări și reușite și mă bucură faptul că eu voi
putea contribui la acesta.

CUPRINS

= Cuvânt înainte =

Învață limba engleză într-un mod revoluționar, simplu și eficient, concentrându-te doar pe informațiile de care ai nevoie, esențialul!

În această carte vei găsi răspunsul la întrebările tale care au legătură cu învățarea, înțelegerea și recapitularea limbii engleze.

Am conceput special pentru tine cele mai simple și inovative metode de reținere și recapitulare a regulilor de baza din limba engleză. Tot ce trebuie să faci este să-ți acorzi timp ție și viitorului tău, astfel încât să poți dobândi cât mai rapid cele mai utile informații din limba engleză.

Iar dacă ai ales acest curs înseamnă că îmi permiți să-ți adresez și câteva sfaturi utile, care te vor ajuta să înțelegi și să stăpânești cât mai bine secretele limbii engleze. Iată ce îți propun:

❏ După cum am zis și mai sus, ia-ți timp pentru tine și acest curs de engleză! Nu-l fă doar să fie făcut, ci fă-l pentru tine și șansele viitorului tău.

❏ Citește cursul cât de des poți mai ales atunci când ai o stare de spirit pozitivă!

❏ Citește, citește și recitește cursul până ești convins că ai stăpânit fiecare parte din el! Repetarea va trebui să-ți devină cea mai de încredere prietenă până ce vei deveni încrezător în limba engleză.

Acestea fiind spuse, nu rămâne decât să ne apucăm de treabă. Eu voi avea grijă să-ți transmit cele mai bune informații în limba engleză, tot ce trebuie să faci tu este doar să citești cu chef și drag și bineînțeles să repeți ori de câte ori trebuie și ai ocazia.

Nu rămâne decât să-ți urez mult succes! Să începem!

CAPITOLUL 1.

1. Cititul și pronunția în limba engleză - Tot ce trebuie să știi pentru a citi corect

1.1 Introducere în citirea corectă

Acest curs are rolul de a-ți ușura calea spre o cât mai bună înțelegere și aprofundare a limbii engleze. Vreau să-ți împărtășesc cheia succesului în învățarea limbii engleze. Acesta este cititul! Da, cititul te va ajuta în orice domeniu, la orice ora, la orice vârstă, oricând!

Deși citirea corectă nu este foarte ușor de învățat, poate fii un proces distractiv, simplu de parcurs și totodată foarte interactiv. Mai ales dacă te apuci ca și adult, nefiind obligat de teme și teste, poți învăța în ritmul tău lucrurile care te interesează cel mai mult.

Pentru a putea căpăta fluența necesară în limba engleză, cel mai important și valoros exercițiu este repetarea continuă.
    Și cum poți face acest lucru dacă nu prin citit. Cititul este singurul exercițiu care îți va fi de ajutor în învățarea corectă a limbii engleze.
    Așa că, te invit să pui mâna pe orice text, carte, reclamă, sau broșură și să începi prin a citi cu voce tare tot ceea ce este iscălit acolo.

După cum spunea chiar şi renumita Oprah într-un interviu:

„Nu cunosc nici o persoană care citeşte
mult să-i meargă rău.

Citind descoperi foarte mult despre ce
este în lume dar şi cine eşti tu."

Pentru a putea citi fluent în engleză trebuie să începi cu paşi mici şi să practici des.

În limba engleză cititul este foarte diferit de cel din limba română.

Acest lucru înseamnă că nu este chiar foarte simplu de învăţat. Dar totuşi nu este un lucru imposibil de parcurs.

Ce trebuie ştiut de la bun început este faptul că în limba engleză se scrie într-un fel şi se citeşte într-un totul alt fel. De aceea trebuie să cunoşti foarte bine cum se pronunţă fiecare literă din limba engleză. Astfel, atunci când vei parcurge orice text, pronunţarea lui va fi extrem de uşoară(Nu te teme să faci greşeli toţi nativi greşesc).

În limba engleză nu sunt foarte multe reguli de citit, dar totuşi cele care sunt trebuie să le cunoşti.

Trebuie ştiut că multe cuvinte au propria pronunţie. Însă important mai este şi accentul pe care îl vei dobândi pe parcursul procesului tău de învăţare(Nu te preocupa ce accent o să ai important este să te faci înţeles).

Iar cel mai valoros secret pe care ţi-l voi dezvălui, este faptul că în Anglia, fiecare persoană a reuşit să-şi creeze propriul stil de pronunţie, cu propriul accent şi să fie acceptat de către toată lumea. Ceea ce este un mare plus pentru tine, care eşti un începător în limba engleză.

Așa că, îți propun să abordezi un stil cât mai lejer de învățare, precum cel al unui copil de grădiniță, Copii nu se tem să greșească.

Îți mai aduci aminte cum învățai când erai mic? Cu siguranță nu aveai un proces clar definit după care te ghidai. Ci pur și simplu ascultai ce se transmitea, puneai întrebări atunci când nu știai cum se fac anumite lucruri, și apoi puneai în practică ce ai înțeles tu cel mai bine.

Ce te sfătuiesc eu, este să faci exact același lucru pe care îl făceai și când erai mic, iar procesul tău de învățare va fi unul extrem de lejer și ușor.

Nu rămâne decât să-ți urez succes și mult spor!

1.2 Reguli de citire utile pentru orice începător

După cum îți spuneam mai devreme, în limba engleză există câteva reguli de citire, pe care ar trebui să le știi, iar în cele ce urmează vei auzi o listă compactă de reguli explicate într-un mod simplu și clar.

Regulile de citit sunt puține dar foarte importante.

Iată câteva exemple esențiale de citire în limba engleză:

- litera **c** se citește în cele mai multe cazuri **s**
- dublu **ee** se citește **i**
- dublu **oo** se citește **u** însă această regulă nu este aplicabilă tuturor cuvintelor, spre exemplu *moon = [muun]* și *door = [dor]*.
- dublu **ss** poate fi pronunțat **ș** sau **s**
- dublu **tt** se citește **t**
- **u** se citește **ă** și **u**
- **i** se citește **i** și **ai**
- cuvântul **all** se citește **ol**
- **ch** se citește **ci**

- **sh** se citeşte **ş**
- **th** se citeşte **s** sau **z** ascultă pronunţia cuvintelor.

- **ght** se citeşte **t**
- **k** în faţa lui **n** este tot timpul <u>mut</u>, spre exemplu în cuvintele *Know, knight, knife* **K** nu se pronunţă
- cuvintele care încep cu **psy** se pronunţă începând cu sunetul **s** iar **p** este silent. Spre exemplu la cuvântul *psychology* se citeşte *[saikolăgi]* = psihologie
- când un cuvânt se termină cu **e** se schimbă pronunţia.

De exemplu: Mute, Move, Hope, Ice, Like, Able, Here, Before.

1.3 Tips and tricks pentru parcurgerea şi învăţarea pronunţiei în limba engleză

La această categorie vei auzi o listă de sfaturi, care te vor ajuta să-ţi găseşti propria metodă de a învăţa citirea şi pronunţia într-un mod cât mai corect şi uşor.

Dar, totodată aceste sfaturi le vei putea folosi pe tot parcursul cursului acesta, sau de ce nu, la orice lucru nou pe care îl vei învăţa la job sau oriunde altundeva.

Aşadar, te invit să iei aminte la lista de mai jos care cuprinde cele mai utile şi accesibile tips and trick de învăţare corectă, iar la final să-ţi alegi opţiunile potrivite stilului tău de învăţare! Baftă!

★ Învaţă să asculţi cum vorbesc alte persoane în limba engleză şi încearcă să le imiţi.

★ Înregistrează-te în timp ce lucrezi la pronunţia alfabetului, iar apoi ascultă-te şi îmbunătăţeşte-ţi pronunţia acolo unde nu eşti mulţumit de cum sună.

★ Uită-te în oglindă atunci când exersezi pronunția și fii încrezător în propria pronunție.

★ Fii atent la felul în care îți miști limba și buzele în timpul pronunției. Fii cât mai natural posibil.

★ Pronunță cuvintele rar și desparte-le în silabe pentru un exercițiu mai complex.

★ Pune accent pe sunete sau silabe în timpul exercițiilor.

★ Învață împreună cu un prieten și corectați-vă sau sfătuiți-vă reciproc.

CAPITOLUL 2.

2. Cele mai importante 25 de categorii de cuvinte și expresii pe care trebuie să le știi în limba engleză

2.1 The Alphabet in English - Alfabetul în limba engleză

Pentru început este esențial să cunoști alfabetul, așa cum este el pronunțat în limba engleză.

Ceea ce vei găsi mai jos este o formă fonetică a alfabetului. Adică aici vei afla cum se pronunță de fapt alfabetul în limba engleză.

Această formă este una care te ajută să pronunți într-un mod simplu și eficient literele alfabetului, chiar și fără cele mai mici cunoștințe de limba engleză.

ATENȚIE! - *Aceasta este doar o formă mai ușoară de pronunție, neacceptată de gramatica limbii engleze! Nu încerca să scri literele după cum le pronunți fonetic!*

Spell the alphabet = Spune alfabetul
A, B, C, D, E, F, G, H, I, J, K, L, M, N, O, P, Q, R, S, T, U, V, W, X, Y, Z.
[Cum se citește defapt alfabetul în limba engelză]
Ei, Bi, Si, Di,I, Ef, Gi, Hegi, Ai, Jei, Kei, El, Em, En, Ou, Pi, Q, Ar, Es, Ti, Iu, Vi , Doubleiu, Ex, Uai, zed.

<u>Exerciţiu</u>: Scrieţi şi spuneţi numele complet pe litere în limba engleză.

_____

_____

_____

2.2 The Numbers - Numerele

Mai jos vei găsi numerele de la 0 - 1.milion, scrise în limba engleză.

Încearcă să le citeşti după cum ai învăţat mai sus.

Tip: *Pronunţarea cu voce tare te va ajuta să le memorezi mult mai uşor!*

0. Zero	17. Seventeen	34. Thirty-four
1. One	18. Eighteen	35 Thirty-five
2. Two	19. Nineteen	36 Thirty-six
3. Three	20. Twenty	37 Thirty-seven
4. Four	21. Twenty-one	38 Thirty-eight
5. Five	22. Twentytwo	39 Thirty-nine
6. Six	23. Twenty-three	40. Forty
7. Seven	24. Twenty-four	41. Forty-one
8. Eight	25. Twenty-five	42. Forty-two
9. Nine	26. Twenty-six	43. Forty-three
10. Ten	27. Twenty-seven	44. Forty-four
11. Eleven	28. Twenty-eight	45. Forty-five
12. Twelve	29. Twenty-nine	46. Forty-six
13. Thirteen	30. Thirty	47. Forty-seven
14. Fourteen	31. Thirty-one	48. Forty-eight
15. Fifteen	32. Thirty-two	49. Forty-nine
16. Sixteen	33. Thirty-three	50. Fifty

51. Fifty-one	71. Seventy-one	91. Ninety-one
52. Fifty-two	72. Seventy-two	92. Ninety-two
53. Fifty-three	73. Seventy-three	93. Ninety-three
54. Fifty-four	74. Seventy-four	94. Ninety-four
55. Fifty-Five	75. Seventy-five	95. Ninety-five
56. Fifty-six	76. Seventy-six	96. Ninety-six
57. Fifty-seven	77. Seventy-seven	97. Ninety-seven
58. Fifty-eight	78. Seventy-eight	98. Ninety-eight
59. Fifty-nine	79. Seventy-nine	99. Ninety-nine
60. Sixty	80. Eighty	100. One hundred
61. Sixty-one	81. Eighty-one	200. Two hundred
62. Sixty-two	82. Eighty-two	1000. One
63. Sixty-three	83. Eighty-three	thousand
64. Sixty-four	84. Eighty-four	2000. Two
65. Sixty-five	85. Eighty-five	thousand
66. Sixty-six	86. Eighty-six	10,000. Ten
67. Sixty-seven	87. Eighty-seven	thousand
68. Sixty-eight	88. Eighty-eight	1,000,000. One
69. Sixty-nine	89. Eighty-nine	million
70. Sevety	90. Ninety	

Exercițiu: Spune-ți vârsta, numărul de telefon și numărul casei în limba engelză.

I am _____ years old.

My phone number is _____ .

My house number is _____ .

2.3 The Cardinal Numbers - Numeralul cardinal

La fel ca și în limba română, numeralul cardinal îți va fi de folos în foarte multe situații conversaționale.

Mai jos regăsești numeralul cardinal scris în limba engleză.

Nu uita să te folosești de alfabetul fonetic de la punctul 1!

1st- First	8th– Eighth	15th. Fifteenth
2nd- Second	9th– Ninth	16th. Sixteenth
3rd- Third	10th – Tenth	17th. Seventeenth
4th-Fourth	11th – Eleventh	18th. Eighteenth
5th- Fifth	12th – Twelfth	19th. Nineteenth
6th – Sixth	13th. Thirteenth	20th. Twentieth
7th– Seventh	14th. Fourteenth	

2.4 The Colours - Culorile

Indiferent de domeniul tău de activitate, cunoașterea culorilor este esențială.

Mai jos găsești lista culorilor. Repetă-le cu voce tare folosindu-te de alfabetul fonetic.

Blue = albastru	Pink = roz
Red = roșu	White = alb
= galben	Black = negru
Orange = portocaliu	Grey = gri
Green = verde	Golden = auriu
Purple = mov	Silver = argintiu
Brown = maro	

Exercițiu: Scrie și spune cu voce tare, care este/sunt culoarea/culorile tale preferate.

My favorite colors are _____.

My favorite color is _____ .

2.5 The Days of the week - Zilele săptămânii

Mai jos găseşti lista celor 7 zile ale săptămânii, plus cuvinte esenţiale care definesc ocazia sau semnificaţia unei zi.

Monday = luni	**Day** = zi
Tuesday = marţi	**Night** = noapte
Wednesday = miercuri	**Special days** = Zile speciale
Thursday = joi	**Holy day** = zi de sărbătoare
Friday = vineri	religioasă
Saturday = sâmbătă	**Weekdays** = zile lucrătoare
Sunday = duminică	**Weekend** = sfârşit de săptămână
	Birthday = zi de naştere

Exerciţiu: Scrie şi pronunţă cu voce tare ce zi este astăzi, ce zi a fost ieri şi ce zi va fi maine.

Today is _____ .

Yesterday was _____ .

Tomorrow will be _____ .

2.6 The Months of the Year - Lunile anului

Urmează lista celor 12 luni ale anului. Foloseşte şi pentru acestea transcrierea fonetică de la punctul 1. pentru o pronunţie corectă.

January = ianuarie	**July** = iulie
February = februarie	**August** = august
March = martie	**September** = septembrie
April = aprilie	**October** = octombrie
May = mai	**November** = noiembrie
June = iunie	**December** = decembrie

Exercițiu: 1. Repetă cu voce tare lunile anului.

2. Notează-ți și repetă cu voce tare data nașterii tale.

My birthday is on the _____ _____ _____.

　　　　　　　　　　　(ziua)　　　*(luna)*　　　*(anul)*

2.7 The time - Timpul și perioadele unei zile

Perioadele zilei te vor ajuta în orientarea ta de zi cu zi.

Mai jos găsești lista cu cele mai uzuale cuvinte care exprimă o anumită parte a unei zile.

Morning = dimineață

Noon = amiază

Afternoon = după-amiază

Night = noapte

Midnight = miezul nopții

2.8 The Clock - Ceasul

Mai jos găsești câteva ilustrații, care îți vor ușura înțelegerea ceasului în limba engleză. Repetă cu voce tare informațiile de mai jos.

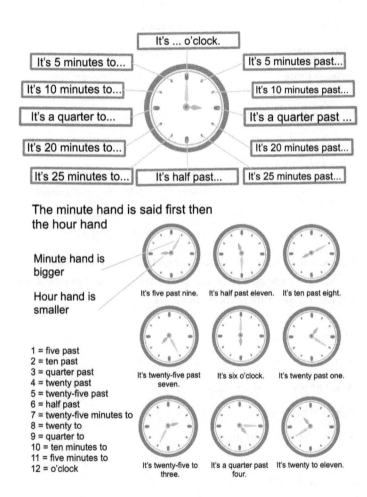

It's ... o'clock.

It's 5 minutes to...   It's 5 minutes past...

It's 10 minutes to...   It's 10 minutes past...

It's a quarter to...   It's a quarter past ...

It's 20 minutes to...   It's 20 minutes past...

It's 25 minutes to...   It's half past...   It's 25 minutes past...

The minute hand is said first then the hour hand

Minute hand is bigger

Hour hand is smaller

1 = five past
2 = ten past
3 = quarter past
4 = twenty past
5 = twenty-five past
6 = half past
7 = twenty-five minutes to
8 = twenty to
9 = quarter to
10 = ten minutes to
11 = five minutes to
12 = o'clock

It's five past nine.   It's half past eleven.   It's ten past eight.

It's twenty-five past seven.   It's six o'clock.   It's twenty past one.

It's twenty-five to three.   It's a quarter past four.   It's twenty to eleven.

two o'clock   two fifteen   two thirty   one forty-five

two o five   two twenty   one forty   one fifty-five

A. What time is it ?
B. It's _____.

A. What time does the movie began?
B. At _____.

two a.m.   two p.m.   twelve noon   twelve midnight

A. When does the train leave ?
B. At _____.

A. What time will we arrive ?
B. At _____.

2.9 The seasons = Anotimpurile

Atunci când este vorba despre perioada de timp, anotimpurile fac parte din înțelegerea acestuia, într-un mod mai complex. Iată cele 4 anotimpuri în limba engleză.

Spring = primăvară

Summer = vară

Autumn = toamnă

Winter = iarnă

2.10 The weather = Vremea

În Anglia se vorbeşte foarte des despre vreme.
Dupǎ cum bine ştii, vremea este foarte instabilǎ în Uk.
Dimineaţa poate fi soare şi o vreme frumoasǎ, iar dupǎ-amiaza poate fi ceţos. Niciodatǎ nu poţi face planuri pe toatǎ sǎptǎmâna.
Din acest motiv este important sǎ înţelegi şi sǎ cunoşti anotimpurile şi starea vremii.
Mai jos vei gǎsi o serie de adjective şi substantive care definesc starea vremii.

sunny = însorit

storm = furtunǎ

rain = ploaie

snow = zǎpadǎ

wind = vânt

cloudy = înnorat

ice = gheaţǎ

fog = ceaţǎ

foggy = ceţos

Exerciţiu: Prezintǎ starea vremii pentru ziua de astǎzi.

Today is _____ .

The weather today is _____ .

In the morning was _____ ,

but now it is _____ .

2.11 The human body - Corpul omenesc

Cunoașterea corpului omenesc este importantă în orice limbă. Mai ales atunci când te afli într-o țară străină, aceste cuvinte îți vor fi de folos când vine vorba despre o situație medicală.

Aceste cuvinte și expresii te vor ajuta, atunci când vei fi nevoit să apelezi la un doctor sau un farmacist, ori atunci când lucrezi într-un domeniu sanitar sau de ce nu atunci când trebuie să achiziționezi produse care să fie pe măsura corpului tău.

Body = corp	**Foot** = saba piciorului
Chest = piept	**Teeth** = dinți
Shoulders = umeri	**Mouth** = gură
Head = cap	**Hair** = păr
Arm = braț	**Eyes** = ochi
Leg = picior	**Forehead** = frunte
Neck = gât	**Eyebrow** = sprânceană
Belly = burtă	**Eyelash** = geană
Rib = coastă	**Ear** = ureche
Breast = sân	**Nose** = nas
Back = spate	**Lips** = buze

Waist = talie

Hand = mână

Fingers = degete

Toes = degete de la picior

Ankle = gleznă

Hip = şold

Elbow = cot

Nail = unghie

Heart = inimă

Ache = durere

Health = sănătate

Blood = sânge

Lungs = plămâni

Brain = creier

Liver = ficat

Kidney = rinichi

Stomach = stomac

Skin = piele

Muscle = muşchi

Bone = os

Breathing = respiraţie

Toothache = durere de dinţi

Headache = durere de cap

Stomachache = durere de stomac

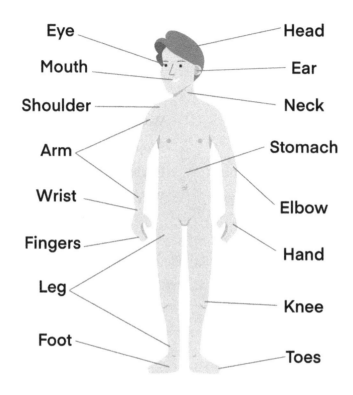

Eye — Head
Mouth — Ear
Shoulder — Neck
Arm — Stomach
Wrist — Elbow
Fingers — Hand
Leg — Knee
Foot — Toes

2.12 The Family Members - Membrii familiei

Mai jos găseşti membrii familie în limba engleză, atât în forma lor oficială cât şi cea familiară.

Mum = Mama	**Grandmother** = Bunică
Mother = Mamă	**Grandpa** = Bunicul
Dad = Tata	**Grandfather** = Bunic
Father = Tată	**Grandson** = Nepot
Grandma = Bunica	**Granddaughter** = Nepoată

Aunt = Mătuşă

Uncle = Unchi

Boy = Băiat

Girl = Fată

Brother = Frate

Sister = Soră

Cousin = Văr/verişoară

Teenager = Adolescent

Twins = Gemeni

Child = Copil

Pregnant = Gravidă

Adult = Adult

Man = bărbat

Woman = femeie

People = oameni

Husband = soţ

Wife = soţie

<u>Exerciţiu:</u> Numeşte membrii familiei tale.

My mother's name is _____.

My father's name is _____.

My husband's name is _____.

My wife's name is _____.

My son's name is _____.

My daughter's name is _____.

I have a boy. His name is _____.

I have a girl. Her name is _____.

I have children.

I don't have children.

2.13 The Clothes - Hainele

Cuvintele regăsite în această categorie te vor ajuta atunci când mergi la cumpărături, ori atunci când lucrezi în comerţ.

Mai jos găsești cele mai uzuale cuvinte în materie de haine.

Shoes = pantofi	**Coat** = haină
Shirt = cămașă	**Dress** = rochie
T-shirt = tricou	**Skirt** = fustă
Bag = geantă	**Slippers** = papuci
Shorts = pantaloni scurți	**Glasses** = ochelari
Jeans = blugi	**Gloves** = mănuși
Jumper = pulover	**Vest** = vestă
Scarf = fular/ eșarfă	**Woolly hat** = căciulă de lână
Socks = ciorapi	

Exercițiu: Numește articolele de îmbrăcăminte din imaginea de mai jos.

_____

_____

_____

2.14 The Measurement Units and Adjectives - Unitățile de măsură și adjective

La această categorie vei găsi câteva unități de măsură și adjective care se potrivesc mai multor situații.

Încearcă să le folosești atunci când vorbești despre ceas, sau îmbrăcăminte, sau chiar la locul tău de muncă.

a half = o jumătate	**clear** = clar/ limpede
a third = o treime	**messy** = Dezordonat
a quarter = un sfert	**tidy** = ordonat/ îngrijit
full = plin	**crowded** = aglomerat/ înghesuit
empty = gol	

2.15 The Directions - Direcțiile

Cuvintele de mai jos fac parte din categoria celor a orientării în spațiu.

Acestea te vor ajuta în orice situație, care necesită deplasarea ta într-o anumită direcție.

right = dreapta	**beside** = alături de
to the right = la dreapta	**on the side** = pe partea de
left = stânga	**close to** = aproape de
to the left = la stânga	**under** = sub
in front of = în fața	**on top of** = în vârful
behind = în spatele	**on the bottom** = în partea de jos
above = deasupra	
next to = lângă	

2.16 The Vehicles = Mijloacele de transport

La această categorie vei avea enumerate o listă cu cele mai uzuale mijloace de transport.

Car = mașină

Van = dubă

Sport car = mașină sport

Bus = autobuz

Ambulance = ambulanță

Fire engine = mașină de pompieri

Truck = camion

Digger = săpător

Ferry = feribot

Boat = barcă

Ship = vapor

Police car = mașină de poliție

Bicycle = bicicletă

Motorbike = motocicletă

Train = tren

Subway = metrou

Cab = taxi

Airplane = avion

2.17 The Animals - Animalele

La categoria aceasta vei găsi cele mai uzuale animale. Fie că acestea se regăsesc într-o fermă, sau într-un magazin de animale, acestea au aceeași denumire.

Iar atunci când mergi la cumpărături, carnea pe care dorești să o cumperi va avea aceeași denumire ca și animalul de proveniență.

Horse = cal

Cow = vacă

Sheep = oaie

Lamb = miel

Chicken = (pui de) găină

Dog = câine

Puppy = cățeluș

Cat = pisică

Mouse = șoarece   **Parrot** = papagal

Snake = șarpe   **Pony** = ponei

FARM ANIMALS

Cow   Pig   Sheep

Horse   Donkey   Goat

Turkey   Duck   Chicken

<u>Exercițiu:</u> Denumește animalele din imagine.

This is an _____.

This is a _____.

2.18 Food, Fruits, Vegetables - Alimente, fructe, legume

La categoria de alimente vei regăsi cele mai uzuale dintre acestea. Având în vedere că aici intră un număr mare de cuvinte, am decis să le selectăm doar pe cele care le folosim cel mai des.

Milk = lapte

Yogurt = iaurt

Cupcake = brioşă

Egg = ou

Scrambled eggs = omletă

Sausage = salam/ cârnaţi

Bred = pâine

Bagel = covrig

Pie = plăcintă

Cheese = brânză

Cake = prăjitură

Steak = friptură

(French) fries = cartofi prăjiţi

Soup = supă

Apple = măr

Pear = pară

Lemon = lămâie

Raspberry = zmeură

Strawberry = căpşună

Orange = portocală

Watermelon = pepene verde

Grapes = struguri

Aubergine = vânătă

Potato = cartof

Tomato = roşie

Onion = ceapă

Carrot = morcov

Peas = mazăre

Pepper = piper

Salt = sare

Vinegar = oţet

Oil = ulei

2.19 Wishes and Greetings - Urări și forme de salut

Mai jos vei găsi o listă cu cele mai des întâlnite formule de salut și urări.

Acestea se potrivesc diferitelor ocazii din viața fiecăruia.

Congratulations = Felicitări

Good luck = Succes/ Mult noroc

Enjoy / Have fun = Distracție plăcută

Have a safe journey = Drum bun

Happy birthday = La mulți ani

Happy Easter = Paște fericit

Merry Christmas = Crăciun fericit

Happy New Year = An nou fericit

Good for you = Foarte bine de tine/ Mă bucur pentru tine

Good morning = Bună dimineața

Good afternoon = Bună ziua

Good night = noapte bună

Hello = bună/ salut/ servus/ ceau

Bye/ Bye bye = ceau/ pa, pa

See you later = pe curând

See you tomorrow = pe mâine

2.20 Agreement Formulas = Formule de exprimare a acordului

Formulele prin care îți poți exprima acordul sau acceptul sunt necesare în viața de zi cu zi.

Fie că este vorba de o conversație simplă între colegi, sau de una în care decizia ta îți poate influența viața, aceste formule trebuiesc știute de către orice persoană, care dorește să trăiască în UK.

Yes = Da

Sure = Sigur

Of course = Bineînțeles

With pleasure = Cu plăcere

Great = Minunat

All right = Foarte bine

I agree = Sunt de acord

No doubt about it = Fără-ndoială

Why not = De ce nu

I think so = Aşa cred

I hope so = Aşa sper

I am glad = Mă bucur

You are right = Ai/Aveţi dreptate

Good idea = Bună idee

No problem = Nicio problemă

Maybe = Poate

Perhaps = Poate

Hopefully = Să sperăm

I like it = Îmi place ideea

I won't say no = Nu o să spun nu

It sounds good = Sună bine/Îmi place cum sună

2.21 Disagreement Formulas = Formule de exprimare a dezacordului

După formulele de acord, urmează bineînţeles cele care exprimă o negaţie sau un dezacord.

Mai jos vei regăsi cele mai uzuale expresii care le poţi folosi atunci când eşti în acord cu o situaţie sau lucru.

No = Nu

No, thank you = Nu, mulţumesc

Certainly not = Categoric, nu

Not me = Nu eu

Not for me = Nu pentru mine

Not really/ not quite = Nu prea /Nu chiar

I don't think so = Nu prea cred

I can't agree with you = Nu pot să fiu de acord cu tine

That is not true = Asta nu e adevărat

Not at all = Nu, deloc

No way! = În niciun caz!

Never = Niciodată

Definitely not! = Categoric nu!

How dare you? = Cum îndrăzneşti?

I am afraid you are wrong = Mă tem că vă înşelaţi/ te înşeli

It must be a mistake = Trebuie să fie o greşeală

Unfortunately I can't = Din păcate nu pot

I would love to but... = Aş vrea să, dar...

I would rather not = Aş prefera să nu

I must decline = Trebuie să refuz

I can't accept it = Nu pot să accept asta

Perhaps next time = Poate data viitoare

2.22 When we meet someone - Atunci când cunoaştem pe cineva

Mai jos o serie de expresii care te vor ajuta în momentele în care eşti nevoit să faci cunoştinţă sau trebuie să te prezinţi.

Tip: *Nu uita să repeţi expresiile cu voce tare.*
Repetarea lor în faţa unei oglinzi te vor ajuta să-ţi recapeţi încrederea în limba engleză.

Can you tell me your name? = Poţi să-mi spui numele tău?

What is your name? = Cum vă numiţi?

My name is ... = Numele meu este ...

I am ... = Eu sunt ...

Are you Mr ...? = Sunteţi domnul ...?

Are you Mrs ...? = Sunteţi doamna ...?

Who are you? = Cine sunteţi/Cine eşti?

Who is it? = Cine este?

Do I know you? = Vă cunosc cumva?

Do you know each other? = Ne cunoaştem cumva?

Do you remember me? = Mă mai ţineţi minte?

Have we met before? = Ne-am mai întâlnit cumva?

I am afraid I don't know you = Mă tem că nu ştiu cine eşti/ sunteţi

Let me introduce myself = Daţi-mi voie să mă prezint

Come and meet ... = Vino să-ţi prezint pe ...

This is my boss = Acesta este şeful meu

These are my colleagues = Aceştia sunt colegii mei

Nice to meet you = Mă bucur să te/vă cunosc

It's nice meeting you = Mi-a făcut plăcere să te/vă cunosc

2.23 Understanding/ Misunderstanding Formulas - Formule care exprimă înţelegere/ neînţelegere

Cunoaşterea expresiilor de înţelegere sau neînţelegere te vor ajuta în diferite situaţii limită, pe care le poţi experimenta într-o ţară străină.

Având cunoștințe de astfel de formule, vei putea să-ți ușurezi conversația atunci când este necesar.

I understand = Înțeleg

You will understand = Vei înțelege

He will understand = El va înțelege

I beg your pardon? = Mă scuzați/ Poftim?

I am sorry I don't understand = Îmi pare rău, nu înțeleg

I didn't understand you well = Nu v-am înțeles bine

Can you repeat it? = Puteți să repetați?

What did you say? = Ce ați spus?

You misunderstood me = M-ai/-ați înțeles greșit

It must be a misunderstanding = Trebuie să fie o neînțelegere

There must be an explanation = Trebuie să existe o explicație

Can you explain it to me? = Puteți să-mi explicați?

Do you speak English? = Vorbiți/Vorbești engleza?

I don't speak English = Nu vorbesc engleza

My English isn't really good = Engleza mea nu e foarte bună

I don't know how to say it in English = Nu știu cum să spun în engleză

What does it mean? = Ce înseamnă asta?

Can you give me more details? = Puteți să-mi dați mai multe detalii?

Can you write it down for me? = Puteți să-mi scrieți pe hîrtie?

Do you understand me? = Înțelegi ce spun?

I understand/ I get it = Înțeleg/ M-am prins

Did you get it?/ Did you understand? = Ai priceput? /Ai înțeles?

Is it clear now? = E clar acum?

I am sorry, but I still don't understand you = Îmi pare rău, tot nu înțeleg

2.24 Requests Orders and Suggestions = Cereri ordini și sugestii

La această categorie vei găsi o serie de expresii necesare atunci când fie ai nevoie de ajutor, ai nevoie de o părere, sau dorești să exprimi o nesiguranță.

Tip: *Atunci când știi că urmează să soliciți ajutorul, încearcă să-ți formulezi în cap cea mai simplă variantă de solicitare.*

De cele mai multe ori, scrierea acesteia pe o foaie de hârtie poate fi un și mai mare ajutor.

Can you help me? = Mă poți/ puteți ajuta?

Can you give me ...? = Poți să-mi dai...?

Can you tell me ...? = Poți să-mi spui...?

Would you do me a favour? = Poți să-mi faci o favoare?

Could you advise me? = Ai putea să-mi dai un sfat/

Could you arrange it? = Ai putea aranja asta?

I would like to ask you something = Aș vrea să te întreb ceva

I would like to speak to someone = Aș vrea să vorbesc cu cineva

Could we meet? = Am putea să ne întâlnim?

Could you wait for a minute? = Poți să aștepți un minut?

I wonder if... = Mă întreb dacă...

Can I help you? = Pot să te ajut cu ceva?

I am looking for… = Caut... /Am nevoie de ...

Would you like to...? = AI vrea să...?

Do you agree? = Ești de acord?

Should I ask him to come? = Să-l rog să vină?

Why not? = De ce nu?

As you wish = Cum dorești

You will have to... = Va trebui să...

Wait a moment, please = Așteaptă un moment, te rog

You can come in = Poți/ Puteți intra

Sit down/ Take a seat = Stai jos/ Ia loc

Leave us alone = Lasă-ne singuri/în pace

2.25 Gratitude Formulas - Formule de mulțumire

Ca și celelalte formule de adresare, și cele de mulțumire sunt foarte importante.

Tip: *Nu uita niciodată să mulțumești chiar și pentru cel mai mic lucru. Englezii apreciază foarte mult bunele maniere și le răsplătesc ca atare.*

Thank you very much = Mulțumesc foarte mult

Thank you for everything = Mulțumesc pentru tot

I appreciate that = Vă sunt recunoscător/ Apreciez foarte mult

You are welcome = Cu plăcere

You shouldn't have... = Nu trebuia să...

We like it here = Ne place aici

We will recommend you to our friends = O să vă recomand prietenilor noştri

CAPITOLUL 3.

Cele mai importante 5 categorii de cuvinte și expresii pe care trebuie să le știi în limba engleză

1. Common phrases in English - Exprimări/ sintagme comune în limba engleză

Mai jos vei regăsi o serie de exprimări sau sintagme comune din limba engleză.

O sintagmă este o frază alcătuită din unul sau mai multe cuvinte care formează o combinație naturală. Aceste exprimări sau sintagme se folosesc în vorbirea liberă, dar și cea scrisă.

Mai jos vei găsi o listă complexă cu cele mai uzuale expresii, plecând de la baza cuvintelor de mai jos.

Have = a avea

Break = a sparge

Pay = a plăti

Save = a salva

Make = a face

Do = a face

Take = a lua

Catch = a prinde

Come = a veni

Go = a merge

Get = a lua

Keep = a păstra

Have a **drink** = a lua ceva de băut

Have a look = a se uita la

Have a bath = a face baie

Have a nice day = să ai o zi bună

Have a haircut = a se tunde

Have a break = a face o pauză

Have lunch = a lua prânzul

Have a problem = a avea o problemă

Have a good time = a se distra

Break time = timp de pauză

Break a habit = a renunța la un obicei

Break a window = a sparge un geam

Break the law = a încălca legea

Break the rules = a încălca regulile

Break the news = a da vestea/ anunța

Break the record = a doborî recorduri

Pay attention = a fi atent

Pay a fine = a plăti o amendă

Pay by card = a plăti cu cardul

Pay cash = a plăti cash/cu bani gheață

Pay a bill = a plăti o factură

Pay a visit = a face o vizită

Pay your respect = a-ți exprima respectul

Pay interest = a arăta interes

Save energy = a conserva energia

Save a seat = a păstra un loc pentru

Save space = a face spațiu/ loc

Save time = a economisi timp

Save something = a păstra ceva

Save money = a economisi bani

Make a difference = a face o diferență

Make friends = a-și face prieteni

Make an effort = a face un efort

Make money = a face bani

Make furniture = a face mobilă

Make progress = a face progrese

Make room = a face loc pentru

Make noise = a face zgomot

Take time = a lua timp

Take a break = a lua o pauză

Take a seat = a lua loc/ ia loc

Take an exam = a da un examen

Take notes = a lua notițe

Take a look = a arunca o privire

Take someone's place = a lua locul cuiva

Take a chance = a risca/ a paria pe

Do business = a face afaceri

Do your hair = a-ți aranja părul

Do your nails = a-ți face unghiile

Do the cooking = a găti

Do your homework = a-ți face temele

Do the right thing = a face lucrul corect

Do nothing = a nu face nimic

Catch a ball = a prinde mingea

Catch a bus = a prinde autobuzul

Catch a thief = a prinde un hoț

Catch fire = a lua foc

Catch a cold = a lua o răceală/ a răci

Catch someone's attention = a atrage atenția cuiva

Come along = a merge cu

Come closer = a veni mai aproape

Come first = a veni primul

Come early = a veni devreme

Come last = a veni ultimul

Come second = a veni al doilea

Come to an agreement = a ajunge la o înțelgere

Come to an end = a se termina

Come to terms with = a se împăca cu ideea

Come to a total of = a ajunge la un total de

Come under attack = a fi atacat

Go bad = a se strica

Go ahead = a merge înainte/ a continua

Go dark = a se întuneca

Go crazy = a înnebuni

Go online = a intra online/ pe internet

Go over = a trece peste/ a parcurge

Go missing = a fi dat dispărut

Go out of = a rămâne fără

Go blind = a orbi

Go quiet = a tăcea din gură

Go to = a merge la...

Get a job = a-și lua o slujbă

Get angry = a se supăra/ enerva

Get away = a scăpa

Get drunk = a se îmbăta

Get started = a începe

Get pregnant = a rămâne gravidă

Get upset = a se supăra

Get wet = a se uda

Get far = a ajunge departe

Get lost = a se pierde/ Dispari de aici

Get there = a ajunge acolo

Keep a diary = a ține un jurnal

Keep record = a ține evidența

Keep calm = a-și păstra calmul

Keep out = a sta/ ține afară

Keep in touch = a păstra legătura

Keep control = a(se) controla

Keep quiet = a păstra liniștea

Keep a promise = a se ține de promisiune

Keep the peace = a menține pacea/ liniștea

Keep it for you = a păstra pentru tine

Exercițiu: Repetă cu voce tare și tradu următoarele expresii/ sintagme.

You **get wet** in the rain. = _____

I **get tired** of people. = _____

It's important to **get sleep**. = _____

It's easy to **make a mistake**. = _____

You will **make a profit** of this. = _____

My wife always **makes** me **a sandwich**. = _____

We need to **make an effort** today. = _____

The old man is going to **go crazy**. = _____

I'll **go on a date**. = _____

I'll just **go online** and look up her address. = _____

I want to **go sailing**. = _____

I wanted to **take a break**. = _____

We will **take a chance** to have the party outdoor. = _____

He had intended to **take a holiday** in London. = _____

I might **take a lesson** from you. = _____

I'll **take a look** at the website. = _____

Take a rest from your hard work. = _____

Take a seat while I get you something to drink. = _____

I **take a step** into the center of the circle. = _____

We don't have to **take advice** from him. = _____

Take medicine when you get sick. = _____

Can I trust you to **keep a secret**? = _____

My boss likes to **keep control** of everything. = _____

Please, **keep quite** when I'm on the phone. = _____

Today we're going to **break a record**! = _____

His son could **catch the ball**. = _____

I **caught her eye** and smiled. = _____

See you again. **Catch you later.** = _____

2. How to ask a question? - Cum să pui o întrebare?

A pune o întrebare este cel mai simplu şi eficient mod de a învăţa şi a înţelege un lucru nou. La fel se întâmplă şi în limba engleză atunci când adresezi o întrebare. În primul rând cineva te va lămuri cu un aspect necunoscut ție, iar în al doilea rând tu acumulez o informație nouă.

Mult spor la pus întrebări și la acumulare de noi cunoștințe!

How? = cum?

Who? = cine?

Whose? = a/ al/ ale cui?

What? = ce?

Why? = de ce?

Where? = unde?

When? = când?

Which? = care?

What kind of? = ce fel de?

Are you? = ești tu?

Is it? = este oare?

Is this? = este acest/ aceasta?

Are there? = sunt/ există?

Do you? = tu?

Can I? = pot eu să?

Can you? = poți tu să?

Could I? = aș putea eu?

Could you? = ai putea tu?

Will you? = vrei tu?

Would you = ai vrea tu?

Should I? = ar trebui eu să?

Should you? = ar trebui tu să?

!! Specific questions - Întrebări specifice!!

Who

Who is that? = Cine este acela?

Who cares? = Cui îi pasă?

Who knew? = Cine ar fi știut?

Who sent it? = Cine a trimis/ -o?

Who started? = Cine a început?

Who wants? = Cine vrea?

Who is speaking? = Cine vorbește?

Who told you? = Cine ți-a spus?

Who helped you? = Cine te-a ajutat?

Who taught you? = Cine te-a învăţat?

Where

Where is it? = Unde este?

Where are they? = Unde sunt ei/ ele?

Where are you? = Unde eşti?

Where are you from? = De unde eşti?

Where do you work? = Unde lucrezi?

Where did you go? = Unde te-ai dus?

Where have you been? = Unde ai fost?

Why

Why me? = De ce eu?

Why now? = De ce acum?

Why not? = De ce nu?

Why do you have to go? = De ce trebuie să mergi?

Why are you late? = De ce ai întârziat?

Why are you here? = De ce eşti aici?

Why did you come here? = De ce ai venit aici?

When

When was that? = Când a fost asta?

When do I start? = Când încep?

When do we finish? = Când terminăm?

When can you start? = Când poţi să începi?

When did you do it? = Când ai făcut-o?

When did you hear about us? = Când ai auzit despre noi?

When did that happen? = Când s-a întâmplat?

What

What is that? = Ce este acest/ aceasta?

What did you say? = Ce ai spus?

What is this? = Ce-i acest/ aceasta?

What happened? = Ce s-a întâmplat?

What did you do? = Ce ai făcut?

What is your name? = Cum te cheamă?

What else? = Ce altceva?

What do I have to do? = Ce trebuie să fac?

Which

Which one? = Care?

Which person? = Care persoană?

Which place? = Care loc?

Which one is yours? = Care este al tău?

Which one you prefer? = Pe care îl/ o preferi?

Which one you know better? = Pe care o cunoști mai bine?

Which one you lost? = Pe care ai pierdut-o?

Which one you have? = Pe care o ai?

Which country you are from? = Din ce țară ești?

Whose

Whose idea was this? = Ai cui a fost ideea?

Whose name is it? = Al cui nume este?

Whose book is this? = Ai cui este cartea?

Whose birthday is it? = A cui zi de naștere este?

How

How are you? = Ce mai faci?

How was your day? = Cum a fost ziua ta?

How are you feeling? = Cum te simți?

How did you come here? = Cum ai ajuns aici?

How old are you? = Câți ani ai?

How long does it take? = Cât de mult durează?

How did you do that? = Cum ai făcut asta?

How fast you go? = Cât de repede mergi?

How much you enjoyed it? = Cât de mult ți-a plăcut?

How much you earn? = Cât câştigi?

How many are they? = Câți sunt ei?

How fast? = Cât de repede?

How slow? = Cât de încet?

How bad? = Cât de rău?

How good? = Cât de bine?

Whom

From whom? = De la cine?

By whom? = Prin/ De către cine?

At whom? = La cine?

For whom? = Pentru cine?

With whom? = Cu cine?

Through whom? = Prin cine?

Should

Should I stay? = Oare ar trebui să stau?

Should we go? = Oare ar trebui să plecăm?

Should you be here? = Oare ar trebui să fim aici?

Should we move? = Oare ar trebui să ne mişcăm?

We should move = Ar trebui să ne mişcăm

Should we probably stay with them? = Ar trebui să stăm noi cu ei?

Should you be disappointed? = Oare ve fi tu dezamăgit/ -ă?

You should try harder? = Ar trebui să te străduieşti mai mult?

We should be gone = Ar trebui să plecăm

They should have stayed = Ar fi trebuit ei să rămână

They should not come after you? = N-ar trebui ei să vină după tine?

He should call now = El ar trebui să te caute/ sune acum

She should be grateful? = Ea ar trebui să fie mulţumită

Could

Could you help me? = Ai putea să mă ajuţi?

Could you be there? = Ai putea să fi acolo?

We could help if necessary = Putem să ajutăm dacă este nevoie

We could try = Noi am putea încerca

You could stay = Tu ai putea să rămâi

Could you be nice enough to help me? = Ai putea fi amabil/ -ă să mă ajuți?

Could they be here at 8 pm? = Ar putea ei să vină aici la 8 seara?

Could we stay here for her? = Am putea să stăm aici pentru ea?

Could she be more supportive? = Ar putea ea să fie mai de ajutor?

Could he be more supportive? = Ar putea el să fie mai de ajutor?

We all could try harder = Am putea cu toții să ne străduim mai mult

She could not try anymore = Ea nu a mai putut să încerce

They could be by your side = Ei ar putea să fie lângă tine/ de partea ta

Must

You must stop it = Trebuie să încetăm

I must be there = Trebuie să fiu acolo

I must try one more time = Trebuie să mai încerc o dată

We must be with her in this difficult time = Trebuie să fim lângă ea în acest moment dificil

You must not put yourself down = Nu trebuie să te judeci așa de aspru

She must be there, I saw her going. = Ea trebuie să fie acolo, am văzut-o plecând

He must come = El trebuie să vină

He must not ignore it = El nu trebuie să ignore asta

They must be here, no excuses = Ei trebuie să fie aici, fără nicio scuză

You must pass this = Trebuie să transmiți asta

!!Personal questions - Întrebări personale!!

Mai jos găsești o listă cu cele mai uzuale întrebări de natură personală pe care orice om ajuns într-o țară străină trebuie să le cunoască, și să fie capabil să le răspundă.

Where are you from? = De unde ești?

Where do you live? = Unde trăiești/ locuiești ?

What is your surname? = Care este numele tău de familie?

What is your first name? = Care este numele tău mic?

What is your favorite sport? = Care este sportul tău favorit?

What does your father do? = Ce meserie are tatăl tău?

What does your mother do? = Ce meserie are mama ta?

What school you went to? = La ce școală ai fost?

Where is your favourite place? = Unde este locul tău favorit?

What is your favorite drink? = Care este băutura ta favorită?

What is your favorite food? = Care este mâncarea ta favorită?

When is your birthday? = Când este ziua ta?

What is your personal identification number? = Care este codul tău numeric personal?

What is your profession? = Ce meserie ai tu?

Exercițiu: Completează propozițiile de mai jos cu unul dintre cuvintele învățate. Este posibil să existe mai multe variante de răspuns.

WHO WHAT WHICH WHERE WHY HOW

1. _____are you?
2. _____do you come from?
3. _____is it?
4. _____comes tonight?
5. _____did you do it?
6. _____one is yours?
7. _____is your birthday?
8. _____can you forget about him?
9. _____did you get here?
10. _____many people will come?
11. _____are you going for your holiday?
12. _____do you want to do with it?
13. _____can I call?
14. _____one is your dog?
15. _____could you do it?
16. _____on earth is he?
17. _____is the mobile phone?
18. _____is it the right time to leave him?
19. _____are you?
20. _____often do you see a dentist?
21. _____does the shop close?
22. _____is the train taking us?
23. _____is the colour of the car?
24. _____do you know?
25. _____is the oldest person in your family?
26. _____would you like for dinner?
27. _____many times must I tell you?
28. _____can we call?
29. _____are you from?
30. _____did you close the window?
31. _____are you angry with me?
32. _____do you mean?
33. _____do you think?
34. _____do you feel about this?
35. _____did you put it?

3. The most used words in construction industry - Cele mai des folosite cuvinte în industria construcțiilor

La această categorie vei găsi o listă de cele mai des întâlnite cuvinte sau expresii din domeniul construcțiilor.

Tip: *Nu uita să le repeți cu voce tare! Îți vor fi de mare folos!*

Health and safety = Sănătate și siguranță

Personal protective equipment = Echipament personale de protecție

Induction form = Formă de inducție

Training = Pregătire/ Instructaj

Site rules = Regulile șantierului

Display sign = Semn/ Panou de afișaj

Security gate = Poartă de securitate

Clock in and out = Pontaj venire/plecare

Green walkways = Zonă verde de deplasare

Designated area = Zona desemnată

Smoking area = Zonă destinată fumatului

Welfare = Ajutor social

Canteen = Cantină

Dry room/ Changing room = Vestiar

On site = Pe șantier

On the floor = Pe podea

Basement = Subsol

Ground floor = Parter

Walls = Ziduri

Frame = Cadru

Columns = Coloane

Ties = Legături

Load = Încărcătură

Levels = Nivele

Elevations = Înălţimi

Rear = Spate

Core = Nucleu/ Mijloc

Stairs = Scări

Builder = Constructor

Labourer = Muncitor necalificat

Landscaper = Peisagist

Groundworker = Muncitor pregătire şantier

Formwork = Cofraj

Mason = Zidar

Heavy equipment operator = Operator utilaj greu

Ironworker = Fierar

Cladding = Placare

Render = Zidar

Window fitter = Montator geamuri

Dry liner = Zidar dry liner

Plasterer = Tencuitor

Carpenter = Tâmplar

Electrician = Electrician

Plumber = Instalator

Painter decorator = Zugrav decorator

Roofer = Montator acoperișuri/ Țiglar

Waterproofer = Hidroizolator

Welder = Sudor

Often used sentences in construction industry - Expresii des folosite în construcții

Toolbox talk = Instructaj

Method statement = Descriere metodologică

Risk assessment = Evaluarea riscurilor

Permit to work = Permis de muncă

Access and egress = Intrări și ieșiri

Control measure = Măsură de control

Workplace procedure = Proceduri la locul de muncă

Hazardous substances = Substanțe periculoase

Manual handling = Utilizare/ Manevrare manuală

Working at heights = Lucru la înălțime

Site traffic and plant = Schiță și căi de rulare pe șantier

Water resources = Resurse de apă

Waste management = Gestionare deșeuri

Access on the floor is there = Accesul la etaj se face pe acolo

This is the access hole = Aceasta e gaura de acces

For that you need adaptor = Pentru aceasta ai nevoie de adaptor

This is additional work = Asta a muncă suplimentară

We are ahead of program = Suntem în avans cu planul

We are behind program = Suntem în urmă

This is your work space = Acesta e locul tău de muncă

Those are the architectural drawings = Acestea sunt schițe arhitecturale

Attendance list = Listă de prezență

Is dangerous to use an axe = Este periculos să foloseşti un topor

Exercițiu: Mai jos vei găsi un link cu teste din diferite domenii ale construcțiilor. Deasemenea vei avea şi răspunsurile corecte. Mult succes!
https://www.sanfoundry.com/1000-construction-building-materials-questions-answers/

4. Useful short sentences in English - Expresii scurte şi utile în limba engleză

Mai jos găseşti o listă cu cele mai scurte şi utilizabile expresii din limba engleză. Acestea se folosesc fie într-o instituție, la spital, la magazin, ori într-o conversație amicală.

Today's date = Data de azi

Date of birth = Data naşterii

Address = Adresa

Post Code = Codul poștal

Medical history = Istoricul medical

Personal details = Date personale

Next of kin = Rudă

How many? = Cât de mulți/ multe?

How much? = Cât de mult?

From = De la

Fill the form = Completați formularul

From A to B = De la A la B

Excuse me = Mă scuzați

How are you doing? = Ce mai faci?/ Cum îți merge?

How is your family? = Ce face familia ta/ dvs.?

I am fine, thank you. = Sunt bine, mulțumesc.

You look good! = Arăți/ Arătați bine!

Exercițiu: Rezolvă dialogul din imaginea de mai jos. Mult succes!

MATCH THE BUBBLES

5. 100 most important English words - 100 cele mai importante cuvinte în limba engleză

Mai jos găsești lista cu cele mai importante 100 de cuvinte din limba engleză. Acestea acoperă o vastă categorie, fiind folosite în conversațiile de zi cu zi.

Tip: *Repetă zilnic timp de 15 de zile aceste cuvinte și nu vei mai întâmpina probleme în înțelegerea și exprimarea limbii engleze. Succes :)*

The = articol hotărât -l/ -a

Of = de

And = și

A = un/ o

To = către/ la

In = în

Is = este

You = tu

That = acela/ aceea

It = el/ ea (pt obiecte/ animale)

He = el

Was = a fost

For = pentru

On = pe

Are = ești/ sunt/ sunteți

As = ca/ la fel ca

With = cu

His = al lui

They = ei

I = eu

At = la

Be = a fi

This = acesta/ aceasta

Have = a avea

From = de la

Or = sau/Ori

One = unul

Had = avut

By = de/ prin/ cu

Words = cuvinte

But = dar

Not = nu

What = ce

All = toți

Were =am/ ați/ au fost

We = noi

When = când

Your = al tău/ a ta

Can = a putea

Said = (am) spus

There = acolo

Use = a folosi

An = un/ o (folosit înainte de un cuvânt ce începe cu o vocală)

Each = fiecare

Which = care

She = ea

Do = a face

How = cum

Their = a/ al lor

If = dacă

Will = voi/ vei/ va/ vom/ veți/ vor

Up = sus

Other = altul/ celălalt

About = despre

Out = afară

Many = mulți/ multe

Then = atunci

Them = ei

These = acestea/ aceștia

So = așa/ astfel

Some = niște

Her = pe ea

Would = (aș) vrea

Make = a face

Like = a place/ la fel ca/ca și

Him = pe el

Into = în

Time = timp

Has = (el/ ea) are

Look = a privi/ a se uita

Two = doi

More = mai mult/ multă

Write = a scrie

Go = a merge/ se duce

See = a vedea

Number = număr

No = nu

Way = cale/ drum

Could = (aș) putea

People = oameni

My = al meu/ a mea

Then = atunci

First = primul

Water = apă

Been = fost

Called = chemat

Who = cine

Am = sunt

Its = al lui/ ei

Now = acum

Find = a găsi

Long = lung

Down = jos

Day = zi

Did = făcut

Get = a obține/ primi/ lua   **May** = poate

Come = a veni   **Part** = parte

Made = făcut

CAPITOLUL 4.

Prepozițiile și expresiile prepoziționale din limba engleză pe care trebuie să le știi

În limba engleză cunoașterea prepozițiilor este foarte esențială. Practic dacă reușești să stăpânești aceste cuvintele, te poți numi un cunoscător și înțelegător al limbii engleze.

Pentru început este important să înțelegi rolul acestora. Iată o scurtă explicație a tot ce înseamnă prepoziții în limba engleză.

Prepozițiile sunt părți de vorbire care indică o relație între cuvintele dintr-o propoziție. Acestea pot fi simple ex. *in, on, at*, sau compuse ex. *in front of, next to.*

Prepozițiile nu își schimbă niciodată forma și nu au un sens de sine stător. Acest lucru înseamnă că ele capătă diferite sensuri atunci când sunt puse în legătură cu alte cuvinte.

Tip: *Prin înțelegerea și învățarea acestor prepoziții vei avea o mai bună stăpânire a limbii engleze. Așa că, spor la învățat!*

Mai jos vei găsi o listă cu prepoziții din limba engleză.

Above = deasupra   **Over** = peste

Below = dedesubt   **Under** = sub

Among = printre

Between = între

Beside = pe lângă

In front of = în fața

Behind = în spatele

Next to = lângă

With = cu

In the middle of = în mijlocul

On = pe

In = în

At = la

For = pentru

Like = ca/ la fel ca

By = prin/ lângă

From = de la

Since = din

Near = aproape

During = în timpul

To = la/ către

Until = până la

After = după

Into = în

Onto = către

Off = afară

Out of = din/ afară din

Because = pentru că

Through = prin

Towards = către/ spre

About = despre

1. Prepositional phrases - Expresii prepoziționale

La această categorie vei găsi o listă de expresii prepoziționale, care te vor ajuta la exprimarea ta cursivă în limba engleză.

Acestea au o funcție esențială pentru a exprima sensul exact al unei propoziții.

PREPOSITION

Liking like hook an eye,
IN and **OUT**
and **FOR** and **BY**

Bird **IN** nest,
and rose **ON** tree.

Gift **FOR** you,
and sit **BY** me.

In

In time = la timp

In demand = la mare căutare

In danger = în pericol

In debt = îndatorat

In defence of = în apărarea

In decline = în scădere

In detail = în detaliu

In fact = de fapt

In fairness to = drept vorbind

In fear of = speriat de

In flames = în flăcări

In full = în întregime

In future = în viitor

In general = în general

In good condition = în bune condiții

In hand = în mână

In honour of = în onoarea

In writing = în scris

In the morning = dimineața

In the evening = seara

In the night = noaptea

In a box = într-o cutie

In a car = într-o mașină

In my pocket = în buzunarul meu

In my bag = în geanta mea

In London = în Londra

In the room = în cameră

In the car = în mașină

In the park = în parc

In my house = în casa mea

In the building = în clădire

On

On the edge of = pe punctul să

On watch = de pază

On schedule = conform orarului

On the record = oficial

On the road = pe drum

On balance = în echilibru

On a journey = într-o călătorie

On a trip = în excursie

On a large scale = la scară largă

On a small scale = la scară mică

On a regular basis = în mod regulat

On approval = cu aprobarea

On bail = pe cauțiune

On average = în medie

On behalf of = în numele

On board = de acord

On business = cu afaceri

On order = la comandă

On show = expus

On suspicion of = sub suspiciunea că

On the dot = la fix

On September 15th = pe 15 septembrie

On Monday = luni

On file = la dosar

On fire = în flăcări

On leave = absent/ liber

On sale = de vânzare

On strike = în grevă

On order = la ordin

On paper = pe hârtie

On purpose = în mod voit

On vacation = în vacanță

On the job = la lucru

On the plane = în avion

On the bus = în autobuz

On the road = pe drum

On the street = pe stradă

On time = la timp

On the run = pe fugă

On the table = pe masă

On television = la televizor

On the cover = pe copertă

On the move = în mișcare

On the wall = pe perete

On the door = pe ușă

At

At high speed = în mare viteză

At risk = în pericol

At one side = pe o parte

At the end = la sfârșit

At a discount = la reducere

At a distance = la distanță

At a loss = în pagubă

At a time = la un timp

At one time = o dată

At a price = la un cost

At all cost = cu orice preț

At large = în libertate

At least = cel puțin

At most = cel mult

At night = noaptea

At noon = la amiază

At peace = în pace/ împăcat

At war = în război

At a good time = la un moment potrivit

At a bad time = într-un moment nepotrivit

At midnight = la miezul nopții

At that time = la acel moment

At home = acasă

At school = la școală

At reception = la recepție

At the bottom = la fundul

At the top = în vârf

At the corner = în colț

At the crossroads = în intersecție

At his house = la casa lui

At the entrance = la intrare

At dinner = la cină

At the door = la ușă

By

By chance = din întâmplare

By choice = la alegerea

By name = pe nume

By luck = din noroc

By accident = accidental

By birth = din naștere

By sea = pe mare

By air = pe cale aeriană

By land = pe uscat

By road = pe drum

By train = cu trenul

By check = prin cec

By coincidence = printr-o coincidență

By definition = prin definiție

By design = după design/ model

By far = de departe

By force = cu forța

By hand = de mână

By heart = pe de rost

By law = prin lege

By mistake = din greșeală

By rights = de drept

By no means = în niciun caz

By nature = prin natura sa

By oneself = de unul singur

By myself = de capul meu

By yourself = de capul tău

Out

Out of respect = din respect

Out of date = expirat

Out of breath = fără răsuflare

Out of context = scos din context

Out of control = scăpat de sub control

Out of curiosity = din curiozitate

Out of jealousy = din gelozie

Out of duty = din simțul datoriei

Out of hand = dcăpat din mână

Out of order = nefuncțional/ defect

Out of place = nepotrivit

Out of pity = de milă

Out of reach = de neatins/ prea departe

Out of spite = de ciudă

Out of stock = stoc epuizat

Out of the ordinary = ieșit din comun

Out of the question = în afara discuției

Out of work = șomer

Of

Of the table = de pe masă

Of the list = de pe listă

Of screen = de pe ecran

Of the shelf = de pe raft

Aware of = conștient de

Afraid of = speriat de

Capable of = capabil de

Proud of = mândru de

Typical of = Ttpic pentru

Part of = parte din

Tired of = sătul de/ plictisit de

Full of = plin de

Incapable of = incapabil de

Hopeful of = plin de speranţă

Guilty of = vinovat de

Scared of = Înspăimântat/ -ă de

Sick of = bolnav de/ sătul

Sure of = sigur de

Suspicious of = bănuitor/ suspicios

Unaware of = fără să ştie de/ că

From

From the top = de sus

From the bottom = de jos/ de la început

From the middle = din mijloc

From here = de aici

From Romania = din România

Made from = făcut din

Free from = formă liberă

Safe from = la adăpost de/ ferit/ sigur

Borrow from = a împrumuta de la

Come from = A veni de la

Expect from = a aştepta de la

Suffer from = a suferi de

Forbid from = interzis

Prevent from = a împiedica să

Grow from = a creşte din

Like

Like this = aşa

Like they = la fel ca ei

You like me = îţi place de mine

I like you = îmi place de tine

You like it = ție îți place

She is likable = ea e o persoană plăcută

You feel like a stupid person = te simți ca un prost

Is like this = este așa/ în felul acesta

Like father like son = așa tată, așa fiu

For

For example = de exemplu

For what = pentru ce

For nothing = pentru nimic

For that = pentru aceea

For this = pentru asta

For the record = oficial

Wait for = a aștepta pentru/ ceva

Ask for = a întreba de

Prepare for = a se pregăti pentru

Hope for = a spera să

Thank for = a mulțumi pentru

Call for = a suna pentru

Fear for = a se teme pentru

Build for = a construi pentru

Take for = a lua de

Fight for = a lupta pentru

Leave for = a pleca spre

Stand for = a te lupta pentru

Apologize for = a-și cere scuze pentru

About

About you = despre tine

About now = chiar acum

About time = era timpul

About them = despre ei

About me = despre mine

Ask about = a întreba despre

Care about = a-i păsa de

Complain about = a te plânge de/ a reclama

Worry about = a-şi face griji pentru

Hear about - a auzi despre

Talk about = a vorbi despre

Joke about = a glumi despre

Laugh about = a râde de

Know about = a şti despre

Dream about = a visa la

Think about = a se gândi la

Write about = a scrie despre

Under

Underage = minor

Under arrest = arestat

Under control = sub control

Undercover = sub acoperire

Under repair = în reparaţii

Under pressure = sub presiune

Under suspicion = sub acuzaţia că/ bănuit

Under stress = stresat

Under discussion = în discuţie

Under you = sub tine

Under me = sub mine

Under attack = sub atac

Over

Over it = trecut peste

Over yourself = deasupra ta

Over that = peste aceea

Overprotective = ultra-protectiv

Over the top = peste măsură

It's over = s-a terminat/ încheiat

Game over = stop joc

Come over = vino aici/ încoace

Overcome = a depăşi

Exerciţii: Mai jos vei găsi o serie de exerciţii, care te vor ajuta să pui în practică prepoziţiile învăţate la acest modul.

Mult succes la rezolvat!

PREPOSITIONS OF PLACE

IN - ON - UNDER - BEHIND - AT - BETWEEN

1. There is _____ doll _____ the sofa.
2. There is _____ ball _____ the table.
3. There is _____ cat _____ the armchair.
4. There is _____ apple _____ the table.
5. There is _____ dog _____ the table.
6. There is _____ umbrella _____ the sofa.
7. There is _____ picture _____ the wall.
8. There is _____ vase _____ the table.
9. There is _____ robot _____ the floor.
10. There is _____ car _____ the armchair.
11. There is _____ lamp _____ the sofa.
12. There is _____ teddy _____ the armchair.

Completează cu prepoziţiile corespunzătoare, propoziţiile de mai jos.

1. There is _____ ball _____ the armchair.
2. There is _____ umbrella _____ the floor.
3. There is _____ picture _____ the wall.
4. There is _____ apple _____ the bed.
5. There is _____ bike _____ the floor.
6. There is _____ vase _____ the table.
7. There is _____ flower _____ the sofa.
8. There is _____ chair _____ the table.
9. There is _____ lamp _____ the sofa and the armchair.
10. There is _____ robot _____ the bed.

IN TOWN

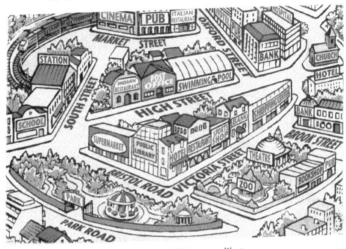

Complete the sentences with the right preposition.

BETWEEN - IN FRONT OF - BEHIND - NEXT TO - NEAR

1) the spermarket is .... library
2) the post office is .... the sports shop
3) the pub is .... the cinema and the Italian restaurant
4) the bank is .... the swimming pool
5) the theatre is .... the zoo
6) the bookshop is .... the pub
7) the restaurant is .... the hotel and the sports shop
8) the Indian restaurant is .... the post office
9) the hospital is .... the bank
10) the station is .... the school

CAPITOLUL 5.

Tot ce trebuie să știi despre pronumele și verbele auxiliare din limba engleză

1. The Personal Pronoun - Pronumele personal

Pronumele personal este acel cuvânt, pe care îl poți folosi în locul unui substantiv.

În limba engleză există mai multe tipuri de pronume, la fel ca și în limba română, însă în cele ce urmează, vei găsi o listă cu cele mai uzuale pronume.

Acestea sunt cele mai des folosite, iar pentru o bază complexă a limbii engleze îți vor fi foarte necesare.

Mai jos vei găsi enumerat *pronumele personal*, atât la singular cât și plural.

I = eu	**IT** = el/ ea (pt. obiecte sau animale)
YOU = tu	
HE = el	**WE** = noi
SHE = ea	**YOU** = voi
	THEY = ei/ ele

2. The Possessive Pronoun - Pronumele posesiv

La acest punct vei găsi enumerat *pronumele posesiv*.

70

Acesta este folosit atunci când dorești să exprimi o posesie, dorești să evidențiezi că un anumit lucru sau o anumită persoană îți aparține sau îi aparține cuiva.

MINE = al meu

YOURS = al tău

HIS = al lui

HERS = al ei

OURS = al nostru

YOURS = al vostru

THEIRS = al lo

3. The Demonstrative Pronoun - Pronumele demonstrativ

Al treilea cel mai uzual și important pronume din limba engleză este cel *demonstrativ*.

Exista două tipuri de pronume demonstrativ, la fel ca și în limba română:

> **Pronumele demonstrativ *de apropiere***

Acest pronume se folosește atunci când dorești să te referi la un lucru sau la persoană din apropierea ta.

THIS = acest/ aceasta

THESE = acești/ acestea

> **Pronumele demonstrativ *de depărtare***

Acest pronume se folosește atunci când dorești să te referi la un lucru sau la persoană din depărtarea ta.

THAT = acel/ acea

THOSE = acei/ acele

!!Expresii în care este necesara utilizarea pronumelui în limba engleză!!

Mai jos vei găsi o listă ușor de parcurs, cu diferite expresii uzuale, la care este necesară utilizarea pronumelui personal.

Exemplele sunt potrivite atât persoanelor de genul masculin cât și celor de genul feminin.

Tip: *Pronumele personal „it" din limba engleză nu are traducere. Acest lucru înseamnă ce „it" este impersonal.*

Astfel pe acesta nu îl vei găsi tradus în propoziția din limba română.

Ca să înțelegi folosința acestuia, trebuie să ți cont de faptul că în limba engleză ai mereu nevoie de „făptaș" în propozițiile tale. Nu putem spune însă același lucru și în limba română.

Prin exemplul de mai jos vei înțelege mai clar despre ce este vorba:

ex. It rains = Plouă.

În limba engleză am nevoie de un „făptaș", și un asa-zis vinovat al acțiunii, din propoziția mea. Astfel, „it" este cel care se ocupă, în acest caz, de acțiunea de „a ploua".

Sper că exemplul ți-a fost de ajutor. :)

PRONOUN

Jack and Milly

  came to tea.
Jack is **he**

and Milly **she**

And little
Susie ?

well, that's **me**

I am = Eu sunt

I am a man = Eu sunt un bărbat

I am a woman = Eu sunt o femeie

I am a boy = Eu sunt un băiat

I am a girl = Eu sunt o fată

I am tall = Eu sunt înalt

I am short = Eu sunt scund

I am fat = Eu sunt gras(ă)

I am skinny = Eu sunt slab(ă)

I am young = Eu sunt tânăr(ă)

I am old = Eu sunt bătrân(ă)

I am looking for work = Eu caut de lucru

I am in search of a job = Eu caut o slujbă

I am desperate to = Sunt înnebunit să

I am hard working = Eu sunt foarte muncitor

I am from Romania = Eu sunt din România

I am Daniel = Eu sunt Daniel

I am 20 years old = Eu am 20 de ani

I am a good person = Eu sunt un om bun

I live in London = Eu locuiesc în Londra

I like my job = Îmi place munca mea

I like English lessons = Îmi plac lecțiile de engleză

I hate ugly days = Nu-mi plac zilele urâte

I am in love with you = Sunt îndrăgostit de tine

I am good student = Sunt un elev bun

I am gonna learn English fast = Voi învăța engleza repede

I am the best = Eu sunt cel mai bun

I am the smartest = Eu sunt cel mai deștept

I am the strongest = Eu sunt cel mai puternic

I am very organised = Sunt foarte organizat

I am well behaved = Sunt foarte bine crescut

I am reliable = Sunt foarte de încredere

I am calm = Eu sunt calm

I am creative = Eu sunt creativ(ă)

I am stingy = Eu sunt zgârcit(ă)

I am rude = Eu sunt prost crescut(ă)

I am sorry = Îmi pare rău/ rea

I am brave = Eu sunt curajos/ curajoasă

I am who I am and you are not me = Eu sunt cine sunt și tu nu ești eu

I have blond hair = Am părul blond

I have dark skin = Am tenul închis/ măsliniu

I have blue eyes = Am ochi albaștri

I have a medical condition = Eu am o problemă medicală

I have many rules = Eu am multe reguli

I had a house = Am avut o casă

I had many friends back home = Am mulți prieteni acasă

I had a girlfriend = Am avut o prietenă

I was a kid once = Și eu am fost copil cândva

I was far from here = Am fost/ Eram departe de aici

I was lazy then = Eram leneș pe atunci

I was not as good as I am now = Nu eram la fel de bun ca acum

I will do better = Mă voi strădui/ Voi face mai bine

I will stay here = Voi sta/ rămâne aici

I will be with you = Eu voi fi cu tine

I will not let you down = Nu te voi dezamăgi

You are = Tu ești

You were = Tu ai fost

You have = Tu ai

You had = Tu ai avut

You are doing = Tu faci

You did = Tu ai făcut

You are going = Tu mergi

You went = Tu ai mers

You are bringing = Tu aduci

You are working = Tu muncești

You are talking = Tu vorbești

You shut up = Tu să taci

You are helping = Tu ajuți

You are bothering me = Mă deranjezi

You are wrong = Greşeşti/ Te înşeli

You're right = Ai dreptate

Your rights = Drepturile tale

You are a star = Tu eşti o stea/vedetă

You are the best = Tu eşti cel mai bun(ă)

You can be anything = Poţi să fii ce vrei

You can do anything = Tu poţi face orice

You can go = Poţi să pleci

You can stay = Poţi să stai

You can get through it = Poţi să o faci/ să treci prin asta

You will survive = O să supravieţuieşti

You will win = O să câştigi/ învingi

You have what it takes = Ai ceea ce-ţi trebuie

You and I will be together = Tu şi eu vom fi împreună

You were right = Ai avut dreptate

You were there? = Ai fost acolo?

You went there? = Te-ai dus acolo?

You had blond hair = Tu aveai păr blond

You were with me = Tu erai cu mine

You are my friend = Tu eşti prietenul meu

You are doing it now = Tu faci asta acum

You will do it now = O să o faci acum

You were doing it = Tu (o) făceai

You had it = Tu ai avut-o

You have the most beautiful laugh = Ai cel mai frumos râs

You will have the greatest success story = Tu vei fi un mare succes

You are brave and courageous = Tu eşti brav şi curajos

You were there for me = Tu ai fost acolo pentru mine/ Ai avut grijă de mine

You will fight for it = Tu o să te lupţi pentru asta

You are not quitting = Tu nu renunți/ Nu poți renunța

You will learn = Tu vei învăța

He/ She is = El/ea este

He is handsome = El e frumos

He has a job = El are o slujbă

He is hard working = El e om muncitor

He is clean = El e curat

He has a house = El are o casă

He has his own car = El are mașină personală

He is the one = El e acela/ omul

He is a fighter = El e un luptător

He is the winner = El este câștigătorul

He has the talent = El are talentul să

He has the courage = El are curaj

He is difficult = El este dificil

He has high hopes = El își pune mari speranțe

He was with them = El era cu ei

He went down the road = El a plecat pe drum

He was stupid = El a fost prost

He was like me = El era ca mine

He was here yesterday = El a fost aici ieri

He went to heaven = S-a dus la ceruri

She is the bride = Ea este mireasa

She is beautiful = Ea este frumoasă

She has blue eyes = Ea are ochi albaștri

She is a star = Ea e o stea

She has many rules = Ea are multe reguli

She is difficult = Ea este dificilă

She has too many hopes = Ea își face prea multe speranțe

She is very smart = Ea este foarte deșteaptă

She is kind = Ea e bună/ cumsecade

She is lovely = Ea a minunată/ drăguță

She has your back = Ea o să aibă grijă de tine

She was by his side = Ea i-a fost alături

She went with him = Ea a plecat cu el

She was around = Ea a fost pe aici

She went to the shop = Ea s-a dus la magazin

She was afraid = Ei i-a fost frică

It is a dog = Acesta este un câine

It is a car = Aceasta e o mașină

It was a rat = Era un șobolan

It is mine = Este a mea

It has everything it needs = Are tot ce-i trebuie

We/ You and They = Noi/ Voi și Ei/ Ele

We are great together = Noi suntem nemaipomeniți împreună

They are all my friends = Ei sunt toți prietenii mei

We were the ones that helped = Noi am fost cei care au ajutat

They were the ones = Ei au fost cei care

They have it all = Ei au de toate

We have it all = Noi avem de toate

We were with them = Noi am fost cu ei

We went with them = Noi am mers cu ei

We are your friends = Noi suntem prietenii voștri

They are my friends = Ei sunt prietenii mei

1. Exercițiu: Tradu următoarele propoziții în limba română.

I must see her now.

_____

They gave me flowers.

_____

We all need money.

_____

Are you hungry, children?

_____

Do you want to work for me?

_____

It is very early today.

_____

This is a interesting book.

_____

Those are my daughters.

_____

John is an old friend of hers.

_____

Somebody parked his car in front of ours.

_____

This two weeks has passed very quickly.

_____

He is using Ben's equipment today and not yours.

_____

2. <u>Exercițiu:</u> Tradu următoarele propoziții în limba engleză.

Ea îl iubește pe John.

_____

El este directorul nostru.

_____

Tu cumperi astăzi fructe.

_____

Noi mergem la cinema.

_____

Sunteți voi maine acasă?

_____

Eu dorm foarte puțin.

_____

Acest birou este prea mic.

_____

Vezi tu acel om?

_____

Mașina ta este veche dar a noastră este nouă.

_____

Aceasta nu este echipamentul tău, este al meu.

_____

Cine sunt aceia?

_____

4. The most used Auxiliary Verbs - Cele mai uzuale verbe auxiliare

TO DO

La aceasta categorie vei găsi cele mai des folosite verbe auxiliare.

Dacă cuvântul „auxiliar" îți dă bătăi de cap, află că acesta are rolul de „ajutor". De fapt, verbele auxiliare sunt ajutorul nostru cel mai de preț atunci când comunicăm sau scriem, fie că este vorba de limba română sau cea engleză.

Așadar, mai jos vei găsi o listă simplă de verbe ajutătoare atât la forma lor afirmativă cât și cea negativă, plus o serie de expresii utile.

Tip: *Repetă cât de des posibil această categorie cu verbe auxiliare și expresii! Vei vedea că ele sunt de fapt un mare ajutor pentru tine! Multă baftă! :)*

Do	**Doesn't**
Don't	**Did**
Does	**Didn't**

Expresii utile

Do you work? = Tu lucrezi?
Yes, I do. = Da, lucrez.

Do you live alone? = Tu locuieşti singur?
No, I do not. = Nu, nu locuiesc singur.

Do you read English? = Tu citeşti în engleză?
Yes, I do. = Da, citesc.

Do you care? = Îţi pasă?
Yes I do. = Da, îmi pasă.

Do you want? = Doreşti?
No, I don't need it. = Nu, nu am nevoie.

Do they see it? = Văd ei?
They do. = Da, văd.

Do we agree? = Suntem noi de acord?
We don't. = Nu, nu suntem.

Do we move? = Ne mutăm?
Yes, let's go. = Da, să mergem.

Do I care? = Îmi pasă mie?
Of course, you do. = Sigur că da.

Do I know? = Eu știu?
I don't know. = Nu știu.

Don't say that = Nu spune asta.
Don't do it = Nu face asta.
Don't move = Nu te mișca
I don't want it = Nu vreau asta
I don't agree = Nu sunt de acord
You don't respond = Tu nu răspunzi
You don't get it = Tu nu pricepi
We don't move = Noi nu ne mișcăm
We don't want it = Noi nu vrem asta
We don't have = Noi nu avem

Does she care? = Crezi căi pasă ei?
No, she doesn't. = Nu, nu-i pasă.

Does he care? = Crezi că-i pasă lui?
Yes, he does. = Da, îi pasă.

Does it hurt? = Doare?
It doesn't. = Nu doare.

He doesn't want. = El nu vrea.
Doesn't she live with you? = Ea nu locuiește cu tine?
Not anymore. = Nu, nu mai locuiește.
He does live alone. = El stă singur.
She does the cooking. = Ea se ocupă cu gătitul.
He does the gardening. = El se ocupă cu grădinăritul.
He does want. = El vrea.

Did you say it? = Tu ai spus asta?
No, I didn't. = Nu, n-am spus.

Did we ask for this? = Am cerut noi asta?
Yes, we did. = Da, am cerut.

Did I get what I wanted? = Am obținut ce vroiam?
You did. = Da, ai obținut.

Didn't I tell you? = Nu ți-am zis eu?
You didn't = Nu mi-ai zis

They didn't wait for me! = Ei nu m-au așteptat!
They did stay. = Ei au stat.

She didn't like anything. = Ei nu-i place nimic.
He didn't want to stay. = El n-a vrut să stea/rămână.
He did stay in the end. = Până la urmă a stat.
She didn't agree. = Ea n-a fost de acord.
We all did. = Noi toți am făcut asta.

1. <u>Exercițiu</u>: Tradu următorul tabel cu propoziții afirmative, negative și întrebări.

POSITIVE	NEGATIVE	Question
I run.	I do not run.	Do I run?
You run.	You do not run.	Do you run?
We run.	We do not run.	Do we run?
They run.	They do not run.	Do tey run?
He runs.	He does not run.	Does he run?
She runs.	She does not run.	Does she run?
It runs.	It does not run.	Does it run?

2. <u>Exercițiu</u>: Tradu următoarele propoziții din imaginea de mai jos.

1 Where did you find the wallet ?

2 Do ducks like water ? Yes, they do.

3 Do you like ice cream? Yes, I do.
Does it rain often here? Yes, it does.
Does he enjoy music? Yes, he does.
Did it snow last night? No, it didn't.
Who wants to came with me to the zoo? We all do!
What do you want for lunch?
Who broke this vase? Peter did!
Does Kan often come home late? Yes, he does.
Why did he leave so suddendly?
Does everyone have a dictionary?

TO BE

Pe lângă verbul auxiliar „to do", care este foarte important de știut, mai sunt încă doua verbe auxiliare pe care orice cunoscător de limba engleză trebuie să le știe.

Verbul auxiliar „ *to be* " = „ *a fi* " este următorul „ajutător" al acestei categorii.

Mai jos vei găsi enumerat verbul „to be" la forma lui de prezent cât și cea de trecut, plus forma de contregere, care va fi explicata ulterior.

I **am**   We **are**

You **are**   You **are**

He, she, it **is**   They **are**

TO BE
OR
NOT TO BE...
SUCCESSFUL ?

I **was**   We **were**

You **were**   You **were**

He, she, it **was**   They **were**

I'M SORRY FOR WHAT I SAID WHEN I WAS HUNGRY

Forma de contragere

Această formă de contragere înseamnă defapt unirea a două cuvinte, astfel încât să ne ușurăm modul de exprimare.

Mai exact, se contrage pronumele personal cu verbul auxiliar.

Ca această formă să fie cât mai bine înțeleasă, urmărește cu atenție exemplul de mai jos.

I am =>> **I'm**	It is =>> **It's**
You are =>> **You're**	We are =>> **We're**
He is =>> **He's**	You are =>> **You're**
She is =>> **She's**	They are =>> **They're**

Prin respectarea exemplului de mai sus, îți vei ușura forma de exprimare iar conversația ta va fi una mult mai fluidă și ușor de exprimat.

Mult succes! :)

Expresii utile

I am Peter. = Eu sunt Peter.
I'm not Paul. = Eu nu sunt Paul.

She is my teacher. = Ea este profesoara mea.
She's not my wife. = Ea nu este soția mea.

He is my father. = El este tatăl meu.
He is a doctor. = El este un doctor.
He's not a lawyer. = El nu este un avocat.

We are in the same class, but we are not on the same team. = Noi suntem în aceeași clasă, dar noi nu suntem în aceeași echipă.

They're good friends. = Ei sunt buni prieteni.
They're not enemies. = Ei nu sunt dușmani.

It is very hot today. = Este foarte cald astăzii
It's not very comfortable. = Nu este foarte confortabil.

The mall is full today. = Mall-ul este plin astăzi.
My house is near to the school. = Casa mea este aproape de școală.
These tasks are to difficult. = Aceste sarcini sunt prea dificile.
These people are very busy. = Acești oameni sunt foarte ocupați.
Are there any apples left? = Au mai rămas mere?
I was sik. = Eu am fost bolnav/-ă.
This is a good-looking man. = Acesta este un bărbat arătos.

This is my daughter. = Aceasta este fiica mea.
She is very cute. = Ea este foarte drăguță.

He is an optimistic man. = El este un bărbat optimist.
Is she also an optimistic person? = Este ea de asemenea o persoană optimistă?

This is a successful project. = Acesta este un proiect de succes.
Your idea was very helpful. = Ideea ta a fost de mare ajutor.

I am speaking. = Eu vorbesc
Am I speaking? = Vorbesc eu?
I am not speaking. = Eu nu vorbesc.
Am I not speaking? = Nu vorbesc eu?

We are working. = Noi muncim/ lucrăm
Are we working? = Muncim noi?
We are not working. = Noi nu muncim.
Are we not working? = Nu muncim noi?

Exercițiu: 1. Completează următoarele exerciții cu verbul ajutător „to be". Nu uita să te folosești de informațiile de mai sus. Mult succes!

Exercise 1

Fill the blanks with *am, is* or *are.*

1 They _____ my good friends.
2 He _____ a soldier.
3 You _____ taller than Charlie.
4 She _____ ill.
5 We _____ very hungry.
6 It _____ a sunny day.
7 I _____ angry with Joe.
8 You _____ all welcome to my house.

Exercise 2

Fill the blanks with *is* or *are.*

1 John's dog _____ very friendly.
2 Robert _____ ten years old.
3 These flowers _____ very pretty.
4 The two schools _____ close to each other.
5 Math _____ not a very difficult subject.
6 _____ dinner ready?
7 This computer _____ very easy to use.
8 All the windows _____ open.
9 Sue and Jane _____ neighbors.
10 His hair _____ curly.

Exercițiu: 2. Tradu în limba engleză următoarele propoziții.

Prietenii mei sunt în parc.

_____

Ken este avocatu.

_____

Rex este câinele meu.

_____

Casa mea este mică.

_____

Este astăzi cald?

_____

Ești tu șeful?

_____

Sunt ei vecinii tăi?

_____

El este un străin.

_____

Sunteți foarte amuzanți.

_____

El este destul de norocos.

_____

Sunteți amabil? Da, sunt.

_____

Erați la serviciu ieri? Nu, nu eram.

_____

Ann nu este acasă.

_____

Michael și John nu erau triști ieri.

_____

TO HAVE

Ultimul Verb auxiliar sau „ajutător" pe care trebuie să-l mai știi este verbul „to have" care înseamnă „a avea".

    Cu acest verb încheiem această parte de verbe auxiliare, care ne vor fi de folos pe tot parcursul nostru de învățare a limbii engleze.

Mai jos vei regăsi verbul „to have" conjugat la fiecare persoană atât la singular cât și plural. Urmând apoi să trecem în revistă și forma acestuia de trecut și forma de contragere sau de unire. (Nu uita că am discutat cu câteva pagini în urmă de semnificația contragerii și folosința acesteia 😊)

I **have**	It **has**
You **have**	We **have**
He **has**	You **have**
She **has**	They **have**

I had	It had
You had	We had
He had	You had
She had	They had

"IF WE HAD NO WINTER, THE SPRING WOULD NOT BE SO PLEASANT."

ANNE BRADSTREET

Forma de contragere

După cum am explicat și la verbul „to be" aceste regul, forma de contragerei se aplică și la verbul ajutător „to have".

Respectă transformarea de mai jos și astfel, conversația ta va fi una mult mai lejeră.

I have =>> **I've**	It has =>> **It's**
You have =>> **You've**	We have =>> **We've**
He has =>> **He's**	You have =>> **You've**
She has =>> **She's**	They have =>> **They've**

Tip: *Nu uita să aplici şi aici metoda repetării cu voce tare a formelor de contragere. Astfel, atunci când vei avea nevoie de ele în vorbire, le vei putea folosi cu o mai mare uşurinţă ca de obicei.* 😊

Expresii utile

Peter has a problem. = Peter are o problemă.

We have English lessons on Mondays. = Noi avem ora de engleză lunea.

Have a cookie, if you like. = Serveşte un fursec, dacă doreşti.

Jenny has sandwiches for lunch. = Jenny are sandwich-uri la prânz.

We have breakfast at 7:00 a.m. = Noi avem micul dejun la ora 7 dimineaţa.

You have a beautiful house. = Tu/ Voi ai o casă frumoasă.

She has a modern mobile phone. = Ea are un telefon mobil modern.

He has blue eyes. = El are ochi albaştrii.

We have dark hair. = Noi avem păr şaten/ închis la culoare.

She has a boyfriend. = Ea are un prieten.

They have many cousins. = Ei/ Ele au mulţi veri.

I have a headache. = Eu am o durere de cap.

He has a bad cold. = El are o răceală rea.

They have a new car. = Ei/ Ele au o maşină nouă.

They have the flu. = Ei/ Ele au gripa.

You have five uncles. = Tu/ Voi aveţi 5 unchi.

Do I have a sister? = Am eu o soră?

Do you have curly hair? = Ai tu păr creţ?

Does she have a best friend? = Are ea un prieten bun?

I have a new car. = Eu am o mașină nouă.
Do I have a new car? = Am eu o mașină nouă?
I don't have a new car. = Eu nu am o mașină nouă.

Does he have a brother? = Are el un frate?
He doesn't have a brother. = El nu are un frate.

Do they have a green ball? = Au ei/ ele o minge verde?
They don't have a green ball. = Ei/ Ele nu au o minge verde.

Exercițiu: 1. Completează următoarele propoziții cu verbul ajutător „to have". Nu uita să te folosești de regulile învățate mai sus.

Exercise 1

Fill the blanks with *have* or *has*.

1 We _____ a new science teacher.
2 He _____ a bad temper.
3 I often _____ fruit for dessert.
4 You _____ a good chance of winning the prize.
5 She always _____ oatmeal for breakfast.
6 The broom _____ a blue handle.
7 They never _____ any problem with tests.

Exercise 2

Fill the blanks with *have* or *has*.

1 The girls _____ golden hair.
2 An insect _____ six legs.
3 Dad _____ his cell phone with him.
4 The children _____ a new swing set.
5 Many poor people _____ nothing to eat.
6 Chicago _____ a very big airport.
7 A triangle _____ three sides.
8 The man _____ two daughters.
9 James _____ a toothache.
10 All the passengers _____ their tickets.

<u>Exercițiu:</u> 2.Tradu în limba engleză propizițiile de mai jos.

Trenul a plecat.

_____

Mike are o nouă prietenă.

_____

Eu am o problemă.

_____

Voi aveți mult timp liber.

_____

Părinții mei au o grădină mare.

_____

Alice are un job nou.

_____

Tom are mult de lucru.

_____

Ele au părul lung, dar noi avem părul scurt.

_____

Grannie are multe sarcini.

_____

Fetele au întrebări.

_____

Copiii au vacanță săptămâna aceasta.

_____

Julie are cea mai frumoasă rochie.

___

Eu am uitat contractul acasă.

___

Muncitorul are cască de protecție.

___

El este în pericol.

___

CAPITOLUL 6.

Verbul - cuvântul care dă acțiunea propozițiilor tale

1. Cât de importante și necesare ne sunt verbele în conversația de zi cu zi

Verbele sau cuvintele care transmit acțiunea în conversație sau în scris, sunt acele cuvinte, care fără de ele nu ne-am putea face înțeleși, indiferent de limba în care comunicăm.

De aceea este important să înțelegem importanța acestor cuvinte și rolul lor în conversația noastră.

Totodată determinând acțiunea, verbul are rolul de stabili anumite aspecte de timp în conversație.Verbul este cuvântul stabilește în conversația noastră dacă ea are loc în prezent, trecut sau viitor. Defapt, verbul va fi acel cuvânt care va determina perioada de timp prezentată în discuție.

Spre exemplu atunci când exprim o viitoare acțiune se va înțelege fie o completare sau incompletare a acțiunii mele din prezent.

Urmărește exemplul de mai jos pentru o mai bună înțelegere.

Ex. *We are spending next weekend in the mountains.*
= Noi vom petrece următorul weekend la munte.

Acest lucru înseamnă că: 1. fie vom petrece weekendul la munte sau
2. nu vom petrece următorul weekend la munte.

Cele două acțiuni vor fi determinate mai departe de acțiunea noastră conform planului pentru următorul weekend.

Pentru o bună exprimare în limba engleză trebuie să cunoști o gamă cât mai variată de verbe.

De aceea verbele din limba engleză sunt împărțite în două mari categorii:

A. Verbele neregulate
B. Verbele regulate

Pentru început vom parcurge categoria de verbe neregulate, care este mai ușor de trecut în revistă.

Mai jos vei găsi o listă cu cele mai uzuale 200 de verbe neregulate din cele peste 370.

VERBELE NEREGULATE

Infinitiv	Past Tense/ Trecutul	Participiu trecut/ Trecutul compus	Traducerea infinitivului (sensul principal)
arise	arose	arisen	a se ridica
be	was / were	been	a fi
bear	bore	Borne / born	a purta
beat	beat	beaten	a bate
become	became	become	a deveni

begin	began	begun	a începe
bend	bent	bent	a se îndoi
bet	Bet/betted	Bet/ betted	a paria
bid	Bid/ bade	Bid/ bidden	a licita, a porunci
bind	bound	bound	a lega
bite	bit	bitten	a mușca
bleed	bled	bled	a sângera
blow	blew	blown	a sufla, a bate
break	broke	broken	a sparge
breed	bred	bred	a crește, a educa
bring	brought	brought	a aduce
broadcast	broadcast	broadcast	a difuza
build	built	built	a construi
burn	Burned/ burnt	Burned/ burnt	a arde
burst	burst	burst	a izbucni, a năvăli, a crăpa
bust	busted	busted	a rupe, a strica, a demitiza
buy	bought	bought	a cumpăra
cast	cast	cast	a arunca
catch	caught	caught	a prinde
choose	chose	chosen	a alege
cling	clung	clung	a se agăța
come	came	come	a veni
cost	cost	cost	a costa
creep	crept	crept	a se târî, a se furișa
cut	cut	cut	a tăia

deal	dealt	dealt	a trata, a se ocupa de
dig	dug	dug	a săpa
dive	dived	dived	a plonja
do	did	done	a face
draw	drew	drawn	a trage, a desena
dream	dreamed dreamt	dreamed dreamt	a visa
drink	drank	drunk	a bea
drive	drove	driven	a sofa, a mâna
dwell	Dwelt/dwelled	Dwelt/ dwelled	a locui
eat	ate	eaten	a mânca
fall	fell	fallen	a cădea
feed	fed	fed	a hrăni
feel	felt	felt	a (se) simți
fight	fought	fought	a (se) lupta
find	found	found	a găsi
fit	Fitted/ fit	Fitted/ fit	a se potrivi
fling	flung	flung	a arunca
fly	flew	flown	a zbura
forbid	forbade forbad	forbidden	a interzice
forecast	Forecast/ ed	Forecast/ ed	a prevedea
foresee	foresaw	foreseen	a prevedea
forget	forgot	forgotten	a uita
forgive	forgave	forgiven	a ierta
forsake	forsook	forsaken	a părăsi
freeze	froze	frozen	a îngheța

get	got	gotten	a primi, a obține
give	gave	given	a da
go	went	gone	a merge
grind	ground	ground	a măcina
grow	grew	grown	a crește
hang	hung	hung	a atârna
have	had	had	a avea
hear	heard	heard	a auzi
hide	hid	hidden	a (se) ascunde
hit	hit	hit	a lovi
hold	held	held	a tine
hurt	hurt	hurt	a lovi, a răni, a durea
keep	kept	kept	a tine, a păstra
kneel	knelt kneeled	knelt kneeled	a îngenunchea
knit	Knitted/ knit	Knitted/ knit	a tricota
know	knew	known	a ști, a cunoaște
lay	laid	laid	a pune, a așeza
lead	led	led	a conduce
lean	Leaned/ leant	Leaned/leant	a se apleca, a se sprijini
leap	leaped leapt	leaped leapt	a sări
learn	learned learnt	learned learnt	a învăța
leave	left	left	a pleca, a lăsa

lend	lent	lent	a da cu împrumut
let	let	let	a lăsa, a permite
lie	lay	lain	a zăcea, a se afla
light	Lit/ lighted	Lit/ lighted	a aprinde
lose	lost	lost	a pierde
make	made	made	a face
mean	meant	meant	a însemna
meet	met	met	a (se) întâlni
mislead	misled	misled	a îndruma greşit
mistake	mistook	mistaken	a greşi
misunderstand	misunderstood	misunderstood	a înţelege greşit
mow	mowed	mowed mown	a cosi
outrun	outran	outrun	a întrece
outspeak	outspoke	outspoken	a vorbi tare
overcome	overcame	overcome	a covârşi
override	overrode	overridden	a încălca
pay	paid	paid	a plăti
prepay	prepaid	prepaid	a plăti în avans
proofread	proofread	proofread	a corecta
prove	proved	Proven/ proved	a (se) dovedi
put	put	put	a pune
quit	Quit/ quitted	Quit/ quitted	a abandona
read	read	read	a citi

rethink	rethought	rethought	a regândi
rid	rid	rid	a scăpa de, a se descotorosi de
ride	rode	ridden	a călări
ring	rang	rung	a suna
rise	rose	risen	a răsări, a se ridica
run	ran	run	a fugi
saw	sawed	sawn/ sawed	a tăia cu fierăstrăul
say	said	said	a spune
see	saw	seen	a vedea
seek	sought	sought	a căuta
sell	sold	sold	a vinde
send	sent	sent	a trimite
set	set	set	a pune
sew	sewed	sewn sewed	a coase
shake	shook	shaken	a scutura, a tremura
shed	shed	shed	a vărsa (lacrimi, sânge)
shine	shone	shone	a străluci
shoot	shot	shot	a împușca
show	showed	shown	a arăta
shrink	shrank	shrunk	a se strânge, a se scoroji
shut	shut	shut	a închide
sing	sang	sung	a cânta

sink	sank	sunk	a (se) scufunda
sit	sat	sat	a şedea
sleep	slept	slept	a dormi
slide	slid	slid	a aluneca
sling	slung	slung	a arunca
slink	slunk	slunk	a se furişa
slit	slit	slit	a (se) crăpa
smell	smelled smelt	smelled smelt	a mirosi
sneak	sneaked	sneaked	a se furişa
sow	sowed	Sown/ sowed	a semăna
speak	spoke	spoken	a vorbi
spell	spelled spelt	spelled spelt	a ortografia
spend	spent	spent	a cheltui, a petrece
spill	Spilled/ spilt	Spilled/ spilt	a vărsa
spin	spun	spun	a toarce
spit	Spat/ spit	Spat/ spit	a scuipa
split	split	split	a despica
spoil	spoiled spolit	spoiled spoilt	a răsfăţa
spring	sprang	sprung	a izvorî, a sări
stand	stood	stood	a sta (în picioare)
steal	stole	stolen	a fura, a se furişa
stick	stuck	stuck	a lipi
sting	stung	stung	a înţepa

stink	stank	stunk	a mirosi urât
strike	struck	Struck/ stricken	a lovi
strive	strove strived	striven strived	a năzui
swear	swore	sworn	a jura, a înjura
sweat	sweat	sweat	a transpira
sweep	swept	swept	a mătura
swell	swelled	swollen	a se umfla
swim	swam	swum	a înota
swing	swung	swung	a legăna
take	took	taken	a lua
teach	taught	taught	a învăța, a preda
tear	tore	torn	a rupe, a sfâşia
tell	told	told	a spune, a povesti
think	thought	thought	a (se) gândi
thrive	throve	thriven	a prospera
throw	threw	thrown	a arunca
undergo	underwent	undergone	a trece prin
understand	understood	understood	a înțelege
undertake	undertook	undertaken	a lua asupra sa
undo	undid	undone	a anula
wake	woke waked	woken waked	a se trezi
wear	wore	worn	a purta

weave	wove weaved	woven weaved	a țese
wed	wed wedded	wed wedded	a (se) cununa
weep	wept	wept	a plânge
win	won	won	a câştiga
wind	wound	wound	a răsuci
withdraw	withdrew	withdrawn	a (se) retrage
write	wrote	written	a scrie

<u>Exercițiu:</u> Învață zilnic 5 verbe pe derost!

Marchează-ți tabelul astfel încât să vezi câte verbe ai de învățat în ziua respectivă (urmărește linia roşie din tabel) şi setează-ți o alarmă în telefon. Aşa nu vei rata nicio zi de învățare!

Nu uita să repeți verbele învățate şi în zilele anterioare! Succes! 😊

VERBELE REGULATE

Aceasta categorie este mai uşor de parcurs, deoarece se bazează pe simplă regulă de terminație. Ce înseamnă acest lucru? Urmărește explicația de mai jos pentru o mai bună înțelegere.

Atunci când dorim să vedem dacă un verb este neregulat sau regulat putem aplica o regulă simplă şi clară care va determina categoria în care se află verbul respectiv.

Spre examplu, dacă am verbul *wash = a (se) spăla* şi nu ştiu exact în care categorie se încadrează, atunci primul pas pe care trebuie să-l parcurg este să verific tabelul cu verbele neregulate.

Odată verificat voi afla dacă verbul meu este neregulat sau nu. În cazul nostru verbul nu se regăsește în tabelul de mai sus, așa că următorul pas este să-l introduc categoriei de verbe regulate.

La această categorie regula după care ne vom ghida este una extrem de simplă. Verbului i se adaugă terminația de -ed la finalul verbului.

Acest lucru înseamnă că din verbul meu **wash** voi avea trecutul transformat în **washed.**

Exemple: visit - visit**ed**

love - lov**ed**

help - help**ed**

start - start**ed**

talk - talk**ed**

Pentru o lista mai detaliată a verbelor regulate poți accesa linkul următor:

http://www.limbaenglezaonline.ro/verbe-regulate/lista-verbelor-regulate-in-engleza

Mult succes la învățat! ☺

PREZENTUL CONTINUU - PRESENT CONTINUOUS

La această categorie vom vorbi puțin despre importanța timpurilor verbale și de ce ar trebui să știm o mică diferență între acestea.

Până acum am discutat de prezent trecut și viitor într-o formă mai ușoară, fără foarte multe explicații gramaticale complicate. Însă, acum este necesar să explicăm ce înseamnă acest *prezent continuu* și cum se formează el.

Prezentul continuu sau *present continuous* este acea formă de verb pe care noi o folosim cel mai des în vorbire. Mai exact present continuous îl folosim atunci când este vorba despre acțiuni care au loc în momentul prezent, sau de lucruri ori situații care se întâmplă în momentul vorbirii noastre.

Formarea prezentului continuu este foarte simplă și ușor de ținut minte.

Acesta se formează din forma de prezent a verbului ajutător **to be** + terminația de **-ing,** care i se adaugă verbului care definește acțiunea noastră.

Pentru o mai bună înțelegere urmărește exemplul de mai jos.

to be (la prezent) + **-ing** (la verbul care definește acțiunea)

Exemplu:

Eu lucrez. (= arată ce activitate săvârșesc eu în acest moment, și anume faptul că lucrez)

I **am** work**ing**.

You are working = Tu lucrezi

He, she, it is working = El, ea lucrează

We are working = Noi lucrăm

You are working = Voi lucrați

They are working = Ei, ele lucrează

2. 8 Exerciții și metode de punere în practică a informațiilor învățate la Capitolul 5 și 6.

La această categorie este vorba despre punerea în practică a ceea ce ai învățat mai devreme la modulul IV. și V, dar nu numai.

Vor fi exerciții și informații utile, care te vor ajuta să înțelegi și să practici mai bine informațiile acumulate până în acest punct.

Tip: *Nu uita că la fiecare exercițiu pe care îl vei rezolva te poți folosi de informațiile acumulate în modulele anterioare!* 😊 *Mult succes la rezolvat exercițiile!*

Exercițiu 1: Pune verbele la timpul trecut în următoarele 10 propoziții.

1. Samuel Langhorne ……….. (to go) to his office in the morning yesterday.
2. I ……….. (to walk) along Piccadilly for 5 hours this morning.
3. I ……….. (to realize) that the man ……….. (to be) behind me.
4. I ……….. (to walk) on quickly, ……….. (to turn) right, then left and ……….. (to stop) suddenly at a shop window.
5. He ……….. (to look) very conventional and I ……….. (to wonder) if he ……….(to be) a policeman or a private detective.
6. He ……….. (to carry) a newspaper all the way to his office and ……….. (to throw) it away when he ……….. (to reach) in front of the building.
7. He ……….. (to sit) on the bench for 2 hours, until he………….. (to realize) that he ……….. (to be) late for work.
8. I ……….. (to decide) to go to Switzerland after I ……….. (to see) the offer of the agency.
9. Last winter it ……….. (to snow) heavily.

10. I ………….. (to be) very unhappy to find out about your colleague. What ………….. (to happen) to him was awful.

Exercițiu 2: Scrie trecutul pentru verbele din imaginea de mai jos și completează propozițiile cu forma de trecut a verbelor din paranteze.

Exercise 1

Write the *simple past tense* of these verbs on the blanks.

1 take	_____	7 tell	_____
2 walk	_____	8 write	_____
3 rain	_____	9 sit	_____
4 shut	_____	10 read	_____
5 open	_____	11 close	_____
6 cry	_____	12 cook	_____

Exercise 2

Fill in the blanks with the correct *simple past tense* of the verbs in parentheses.

1 She _____ home alone. (go)
2 The wind _____ throughout the night. (blow)
3 An apple _____ on his head. (drop)
4 The Princess's ball _____ into the well. (roll)
5 A frog _____ into the well and _____ it back to her. (jump/bring)
6 Jack _____ the highest grade in his English class. (get)
7 The party _____ at 8.00 P.M. (begin)
8 He _____ his old car and _____ a new one. (sell/buy)
9 Jack _____ up the ladder carefully. (climb)
10 Who _____ all the windows? (shut)

img.1

Exercițiu 3: Rezolvă exercițiu următor după exemplul dat.

Tip: *Nu uita să verifici informațiile din modulele anterioare în caz că întâmpini dificultăți în rezolvarea acestuia.*

Example: *The CEO employed 500 people last year.*

1. *Did the CEO employ 500 people last year?*
2. *No, he didn't. /*
3. *No, the CEO didn't employ 500 people least year.*

1. Peter told me yesterday about the promotion.

a...

b...

c...

2. The head office of the company was in Liverpool before it moved to London.

a...

b...

c...

3. The company's secretary was fired.

a...

b...

c...

4. The construction company operates every day.

a..

b..

c..

5. The company went bankrupt.

a..

b..

c..

6. Our company's policy includes being loyal.

a..

b..

c..

7. His colleagues offered him a very nice welcome party.

a..

b..

c..

8. I resigned in 2019 because of a misunderstanding.

a...

b...

c...

9. We made a survey on the activity of our organization.

a...

b...

c...

10. The secretary wrote a letter to the clients.

a...

b...

c...

11. We are your new work colleagues.

a...

b...

c...

12. The director is on site.

a..

b..

c..

Exercițiu 4: Completează exercițiile din imaginea de mai jos cu verbele la trecutul simplu (a doua coloană din tabelul cu verbele neregulate!)

PAST SIMPLE

Fill in the gaps with the right form of the verbs in brackets.
1. Daisy _____ (bring) some chocolates to the birthday party.
2. I _____ (hear) a new song on the radio.
3. Peter _____ (read) three books last week.
4. The Smiths _____ (speak) Italian to the waitress.
5. Peter _____ (understand) during the class, but now he doesn't understand.
6. My mother _____ (forget) to buy some milk.
7. Susan _____ (have) a baby in August.
8. We _____ (lose) our keys las Friday.
9. They _____ (swim) 500m yesterday afternoon.
10. I _____ (give) my mother a CD for her birthday.
11. At the age of 23, she _____ (become) a teacher.
12. I _____ (know) the answer yesteday.
13. Peter _____ (tell) me that he lived in New York
14. We _____ (lend) John €200.
15. She _____ (drink) too much coffee yesterday.
16. The children _____ (sleep) in the car.
17. He _____ (keep) his promise.
18. We _____ (choose) the steak for dinner.
19. The film _____ (begin) late.
20. They _____ (fly) to Madrid.
21. We _____ (drive) to Edinburgh.
22. Mrs. Black _____ (teach) English at the University
23. They _____ (send) me an email earlier.
24. We _____ (leave) at 7 a.m.

MILK

Exercițiu 5: Completează scrisoarea de mai jos cu următoarele verbe din căsuță. Verbele trebuiesc puse la trecut!

Atenție: Unele verbe va trebui să le folosești de mai multe ori!

THE FUNNY NOISE

Complete the gaps with an irregular verb in past simple tense. Choose from :

be, break, buy, come, drive, eat, fill, find, get, give, go, have, hear, hold know, let, lose, make, put, read, ring, run, say, sleep, take, think, tell, write

Dear Oséias

I'm writing to tell you about something that happened yesterday. I _____ up at the usual time – about 10 a.m - _____ a shower and _____ breakfast. I_____ a big bowl of cereal and some toast and watched TV for a while. Then I _____ into the kitchen where I _____ a finny noise. I _____ it _____ from behind the cooker. I _____ my tool box and moved the cooker out of the way.

The noise _____ louder but I couldn't see anything. I _____ my uncle to ask his advise. He _____ that he _____ it could be a gas leak. When I _____ this I just panicked! I _____ the phone down, _____ outside, _____ in my car and _____ to the local police station. I _____ them about my gas leak but the constable _____ his patience with me. He _____ that I should have phoned the gas company. He _____ his report, then _____ the gas company for me.

Then I remembered that my house doesn't have gas- only electricity! I _____ really stupid and _____ that the constable would be angry with me for wasting his time, so I _____ out the police station while he _____ still on the phone. I _____ home to try to find out what the noise _____. On the way I _____ a newspaper and I _____ about an escaped llama that _____ out of the city safari parck last Wednesday.

When I _____ home I _____ my key in the door, turned it, _____ inside and straight away _____ that funny noise again. I _____ my breath and opened the door slowly. Guess what? I _____ the llama hiding in my cupboard! I _____ him stay and he _____ in my garden last night. The snoring _____ so loud! This morning I _____ him back to the safari park. They _____ really pleased to see him again and _____ me a reward of £50!

Hope you are well. Write soon and let me know how you are.

Your friend,

Jason.

Exercițiu 6: Completează exercițiile 1 și 2 din imaginea de mai jos.

PAST SIMPLE

REGULAR VERBS

SPELLING RULES

-ed	-e ──→ -d	double consonant + -ed	consonant + y -> -ied	vowel + y ──→ -yed
walk - walked	dance - danced	prefer - preferred	study - studied	play - played
talk - talked	like - liked	stop - stopped	tidy - tidied	enjoy - enjoyed
awnser - awnsered	arrive - arrived	travel - travelled	carry - carried	stay - stayed

1 Write the past simple of the following verbs in the right place.

close finish hurry like open prepare terrify touch try want step
serve stay pray enjoy cook plan admit bury wrap trace
spray rely ask supply trap jog obey type play

Verb + -ed	Verb + -d	Vowel + y -ed	Consonant + y -ied	Double consonant + ed

2 Fill in the blanks with the past simple of the verbs in brackets.

1. Janet_____(watch) a film on TV.
2. The girl_____ (finish) her homework.
3. The car_____ (stp)in the middle of the street.
4. My father_____ (fix) the TV.
5. The children_____ (visit) the museum.
6. Helen_____ (wash) her hair with a new shampoo.
7. My friends_____ (notice) mynew dress.
8. My mother_____ (guide) me.

9. The criminel_____ (confess) the murder.
10. They_____ (offer) me a new CD.
11. Yesterday I_____ (wait) for you for an hour.
12. My mother_____ (divide) the cake in six.
13. A friend of mine_____ (receive) a weird e-mail.
14. My baby brother_____ (damage) the TV.
15. My family_____ (plan) a trip to the UK.

Exercițiu 7: Rezolva exercițiile 3, 4 și 5 din imaginea de mai jos.

AFFIRMATIVE	NEGATIVE	INTERROGATIVE
general rule : add -ed	didn't + infinitive (of the main verb)	did + subject + infinitive (of the main verb)

3 Fill the gaps with the Past Simple (negative) of the verbs in brackets.

1. David_____ (not / watch) the film in the cinema.
2. Carol_____ (not / appear) for the party.
3. My parents_____ (not / book) a table in the restaurant.
4. Peter_____ (not / close) the door when he entered.
5. Nicole_____ (not / follow) my advice.
6. The jewels_____ (not / disappear).
7. I_____ (not / wait) for you because I was in a hurry.
8. Mrs. Underwood_____ (not / recognise) me.
9. The students_____ (not / identify) the subject in the sentence.
10. The naughty boys_____ (not / apologise) for their bad behaviour.
11. Caroline_____ (not / like) to be disturbed.
12. The thief_____ (not / admit) that he stole the car.

4 Now use the interrogative form of the Past Simple.

1. _____ (the girl / blush) when her boyfriend kissed her?
2. _____ (Caroline / like) to be disturbed?
3. _____ (you / explain) the reason?
4. _____ (Mum / cook) dinner yesterday?
5. _____ (the pupil / ask) any question?
6. _____ (the girl / enjoy) the birthday party?
7. _____ (you / visit) the museum last weekend?
8. _____ (Charles / arrive) early last night?
9. _____ (the secretary / cancel) the meeting?
10. _____ (Mrs Clark / water) the plants?
11. _____ (the cat / scratch) the front door?
12. _____ (your sister / type) the letter?

5 Rewrite the sentences both in the negative and interrogative forms.

1. I walked to school.
   NEG._____
   INT. _____
2. The car stopped at the traffic lights.
   NEG._____
   INT. _____
3. The boys played chess.
   NEG._____
   INT. _____

img.5

Exercițiu 8: Scrie forma de participiu a prezentului continuu (forma de terminația -ing) la primul exercițiu, iar la al doilea exercițiu completează cu forma de prezent continuu.

Exercise 1

Write the present participle of these verbs on the blanks.

1 come	_____	7 go	_____
2 run	_____	8 ask	_____
3 sleep	_____	9 catch	_____
4 fall	_____	10 write	_____
5 jump	_____	11 drop	_____
6 climb	_____	12 bring	_____

Exercise 2

Fill in the blanks with the present progressive tense of the verbs in parentheses .

1 They_____the roller-coaster ride. (enjoy)
2 Jill_____ her hair. (wash)
3 It_____ dark. (get)
4 The dentist_____ Sue's teeth. (examine)
5 The tran_____through the tunnel. (pass)
6 The men_____very hard in the sun. (work)
7 What_____ the theater_____today? (show)
8 We_____ a snowman. (make)
9 The plane_____above the clouds. (fly)
10 The teachers_____ a meeting. (have)

CAPITOLUL 7.

Ce nu știi încă despre Substantiv, Adverb și Adjectiv în limba engleză

Nu mai este mult și te vei putea numi un adevărat cunoscător al limbii engleze. Tot ce a fost mai greu ai parcurs deja, iar ceea ce va mai urma, vor fi informații care să-ți consolideze și mai bine toate cunoștințele acumulate de până acum!

Iată ce surprize ți-am pregătit la acest modul.

Acest Capitol va fi dedicat unei anumite părți a gramaticii din limba engleză cu câteva particularități și subpuncte necesare de parcurs. Întregul capitol este astfel structurat ca tu să capeți o și mai bună stăpânire a limbii engleze.

Pentru început vom trece în revistă formele de plural ale substantivului din limba engleză, formarea acestuia și excepțiile de rigoare.

Capitolul continuă cu adverbul din limba engleză, ce înseamnă el, unde și când îl folosim.

Și vom încheia modulul cu adjectivul și gradele de comparație a acestuia.

Nu rămâne decât să-ți urez succes în parcurgerea și celui de a 7-lea capitol.

Mai ai puțin și vei fi cel mai smart absolvent al acestui curs de engleză conceput special pentru tine!

Good luck! ❀

1. Formele de plural ale substantivului în limba engleză

În limba engleză regula de formarea a pluralului pentru substantive este foarte simplă. Dar ca orice regulă care se respectă, are și ea excepțiile ei. 😊

Ce trebuie însă să știi de la bun început, este faptul că majoritatea substantivelor formează forma de plural printr-o simplă terminație care i se adaugă substantivului aflat la forma lui de singular. Terminația despre care discutam este **-S**.

Astfel, dacă doresc să mă refer la mai multe lucruri, persoane, situații, etc, trebuie să adaug terminația -s.
    Urmărește exemplul de mai jos pentru a avea o idee clare despre cum funcționează formarea formei de plural din limba engleză.

<u>Ex.</u>   boy - boys

girl - girls

cat - cats

flower - flowers

car - cars

Singular	Plural	Singular	Plural
bird	birds	fork	forks
broom	brooms	game	games
camel	camels	lamb	lambs
desk	desks	nest	nests
doll	dolls	pen	pens
egg	eggs	photo	photos
flower	flowers	shirt	shirts

Excepțiile formelor de plural din limba engleză

Pe lângă forma simplă de plural cu terminația -s, trebuie știut că în limba engleză mai sunt câteva substantive care suferă o mică modificare înainte de adăugarea terminației de -s.

Iată care sunt acestea:

A. Substantivele care au terminația la singular în **-s, -ss, -sh, -ch, -x** vor primi la plural terminația de **-es.**
   <u>Ex.</u>   bus - buss**es**

   class - class**es**

   sandwich - sandwich**es**

   match - match**es**

   fox - fox**es**

B. Substantivele care au terminația într-o **consoană +y** la singular vor primi la plural terminația de **-ies** la singular.
   <u>Ex.</u>   city - cit**ies**

   lady - lad**ies**

   baby - bab**ies**

C. Substantivele care au terminația la singular în **-f, -fe** vor primi la plural terminația de **-ves**

Ex. leaf - lea**ves**
  wife - wi**ves**
  wolf - wol**ves**

D. Substantivele care au terminația la singular în **-o** vor primi la plural 2 variante de plural: terminația **-es** sau terminația **-s**

Ex. tomato - tomato**es**
  potato - potato**es**
  radio - radio**s**
  piano - piano**s**

E. Unele substantive din limba engleză au o formă de plural neregulată, schimbându-și astfel vocală din ultima silabă a substantivului.

Ex. man - men
  woman - women
  foot - feet
  mouse - mice

F. Unele substantive din limba engleză primesc aceeași formă de singular cât și plural.

Ex. sheep - sheep
  means - means
  series - series
  species - species

G. Substantivele împrumutate din altă limbă, cum ar fi cele din limba greacă sau latină, vor menține terminațiile de plural din limba de proveniență.

Ex.   medium - media
        datum - data
        crisis - crises

H. În limba engleză există unele substantive care au
    doar formă de plural
    Ex.   jeans, pants, glasses, pyjamas, scissors

Pentru o mai bună înțelegere și aprofundare a formelor de plural ale substantivului din limba engleză, vor urma acum o serie de exerciții interactive, care îți vor solicita cunoștințele acumulate la această parte.

Mult succes! ☝

Exercițiu:

PLURAL OF NOUNS

1 Write the plural:

Apple...........................
House..........................
Child............................
Knife............................
Friend..........................
Fish.............................
Man.............................
Family...........................
Hamburger....................
Vegetable.....................
Sheep...........................
Mouse..........................
Hand.............................
Wife..............................
Bus...............................
Tooth............................
Sweet............................
Foot...............................
Baby..............................
Box................................
Dictionary......................
Monkey..........................
Tiger..............................
Church...........................
Person...........................
Eye...............................
Dress............................
Party.............................
Cake..............................
Pencil............................
Egg...............................
Computer......................
Shelf.............................

2 Rewrite the following sentences into plural:

1. There is a child in front of the trees.
2. I am your best friend.
3. There is a pen under the book.
4. He has got an orange in his hand.
5. She has got a child.
6. My neighbor usually buys in this shopping centre.
7. I don't like this book.
8. That is the best cake I've ever eaten.

1. _____
2. _____
3. _____
4. _____
5. _____
6. _____
7. _____
8. _____

3 Complete the sentence whit the, a, an.

1. I don't want_____ biscuit, I prefer_____ chocolate ice-cream.
2. Do you want_____orange or_____strawberries.
3. -I've got_____cat, _____cat is blak and white.
4. _____ books ar on the table.
5. Here is_____ money.
6. My grandmother always eats_____banana after dinner.
7. My sister has got_____ new car, _____ car is red.

Exercițiu:

SINGULAR & PLURAL

Add "s" to make prulal.	
year	years
month	months
noun	nouns
street	streets
ruler	rulers

Adding "es" to nouns end in ("s","sh","ch" and "x".	
dress	dresses
bus	buses
fish	fishes
wish	wishes
class	classes

Nouns end in "o" (cons + "o") add "s".	
piano	pianos
solo	solos
photo	photos
radio	radios
kangaroo	kangaroos

Other nouns end in "o", add "es" to.	
echo	echoes
hero	heroes
tomato	tomatoes
potato	potatoes
mango	mangoes

Nouns end in "y" (cons + "y") ad "íes".	
story	stories
diary	diaries
country	countries
worry	worries
candy	candies

Nouns end in "y" (vow + "y") add "s".	
day	days
donkey	donkeys
key	keys
way	ways
boy	boys

Write the right plural for each

Church	= _____	Clas	= _____
Kimono	= _____	Video	= _____
Story	= _____	Baby	= _____
Hero	= _____	Cargo	= _____
Box	= _____	Zero	= _____
Bufalo	= _____	Fox	= _____
Tax	= _____	Watch	= _____
Motto	= _____	Volcano	= _____
Dancer	= _____	Carrot	= _____
Boy	= _____	Peacock	= _____
Office	= _____	Pilot	= _____
Girl	= _____	Singer	= _____
Instrument	= _____	Street	= _____
Day	= _____	Song	= _____
Canoe	= _____	Bank	= _____
Paper	= _____	Ruler	= _____
Dancer	= _____	Singer	= _____
Tax	= _____	Sash	= _____

Complete the sentences with the rright plural.

1. The _____ (girl) are happy because they have got new _____ (toy).
2. These arethe _____ (way) t school.
3. Angie has _____ (candy).
4. My mother has _____ (mango) for me.
5. My _____ (glass) for de sun.
6. That is the_____ (bus) to school.
7. She is in ten _____ (photo).
8. Tony is 2 _____ (year) old.
9. My granfather has three_____ (radio).
10. These are my book _____ (story).
11. These are your _____ (key).
12. The map has hundreds of _____ (county).
13. I have many _____ (wish) for Christmas
14. Those are new _____ (computer).

2. Adverbul în limba engleză

La această parte vom discuta despre o altă parte de vorbire destul de importantă și des folosită, însă cu o cunoaștere mai mică în ceea ce ne privește.

Cu siguranţă îţi mai aduci aminte de la şcoală de această parte de vorbire care este adverbul. Adverbul este acea parte de vorbire care arată o caracteristică a unei acţiuni, a unei stări sau a unei calităţi săvârşite de către subiectul în cauză. El determina verbele, adjectivele sau alte adverbe. Acest lucru îl vei putea înţelege mai bine dacă ştii şi întrebările la care răspundă un adverb. Acestea sunt: **cum? când? unde?**

În limba engleză adverbele se împart în 4 mari categorii. Acestea sunt:

➢ Adverbele de mod
➢ Adverbele de loc
➢ Adverbele de timp
➢ Adverbele de frecvenţă

Înainte de trece în revistă fiecare categorie în parte, mai este un lucru important de menţionat, în ceea ce priveşte adverbele. Acestea au anumite locuri bine definite, pe care le respectă într-o propoziţie. Asta înseamnă că trebuie să cunoaştem şi poziţia acestora în propoziţie.

Iată cum pot fi poziţionate adverbele într-o propoziţie:

➢ Poziţia iniţială = adică înaintea subiectului
➢ Poziţia de mijloc = adică între subiect şi verb, sau înaintea verbului „to be"
➢ Poziţia finală = adică la sfârşitul propoziţiei

Adverbe de mod

slowly = *încet*

carefully = *atent*

awfully = *teribil*

Ex.   Slowly, he read the letter.

He slowly read the letter.

He read the letter slowly.

Adverbe de loc

here = *aici*

there = *acolo*

behind = *în spate*

above = *deasupra*

Atenție! În general aceste adverbe se pun la sfârșitul propoziției. Foarte rar se pune și înaintea subiectului.

Ex.   We met him here.

We stayed there.

Adverbe de timp

now = *acum*

then = *atunci*

yesterday = *ieri*

Atenție! În general aceste adverbe se pun la sfârșitul propoziției și foarte rar se pune și înaintea subiectului.

Ex.   Now listen to a story.

Listen to the story now.

He went fishing yesterday.

Yesterday he went fishing.

Adverbe de frecvență

always = *totdeauna*

already = *deja*

never = *niciodată*

seldom = *rareori*

usually = *deobicei*

Atenție! Dacă verbul este „to be" și nu este la un timp compus, adverbele de frecvență vor sta după verbul ajutător „to be".

Ex.   I am usually on time.

I have never seen this movie.

I often dream of him.

ADVERBS

An adverb describes a verb, an adjective or another adverb. It tells us how, where, when, how much and with what frequency.

An adverb can tell...

HOW?	WHERE?	WHEN?	HOW MUCH?	HOW OFTEN?
quietly	above	now	quite	always
peacefully	abroad	yesterday	fairly	sometimes
carefully	far	soon	too	often
slowly	away	later	enormously	frequently
badly	back	tomorrow	entirely	normally
closely	here	yet	very	generally
easily	outside	already	extremely	usually
well	backwards	tonight	rather	occasionally
fast	behind	today	almost	seldom
quickly	below	then	absolutely	rarely
cheerfully	down	last month	just	hardly ever
efficiently	indoors	last year	barely	never
painfully	downstairs		completely	
secretly	inside		enough	
	nearby		deeply	
	there		enormously	
	towards		fully	

Exercițiu: Completează în exercițiile de mai jos adverbele potrivite.

FILL IN
ADVERB - ADJECTIVE

1. Look out of the window! It's snowing.................... (heavy)
2. I can do this test.................... (easy)
3. Peter is a very .... boy. (clever)
4. He shouts..................... (angry)
5. You write so................. (slow)
6. Mum opened the door................... (quiet)
7. My sister came into my room................... (quick)
8. Our homework isn't........................ (difficult
9. My teacher always speaks .... and..................... (clear / slow)
10. Our football team played................... (good)
11. She undersands English................... (perfect)
12. Susan is really..................... at Maths. (perfect)
13. Mick can run very................... (fast)
14. You must be..................... and listen................! (quiet / careful)
15. She has got a ....cold. (bad)
16. Grandpa didn't sleep....................last night. (good)
17. Aunt Mary is a.......................cook. (good)
18. Tom is an ....football player. (excellent)
19. These flowers are really....................... (cheap)
20. Linda is........You................ (sad)
21. The children dance...................... (happy)
22. Come here........................ (quick)
23. Cliff loves skiing, he really skies........................ (good)
24. Oh yes, Mary sing so......................... (beautiful)
25. Dad looked at Bill.......................... (angry)
26. Please, write your text...................... (careful) it's not .... (long) and you can do it........................ (easy)
27. Please, don't drop your clothes on the ground........................ (careless)
28. Sheila always answers........................ (polite)
29. We are always .... in the afternoon. (busy)
30. Oh, there's a .... wind outside. (strong)
31. Jimmy hurt his elbow........................ (bad)
32. Are you .... before an exam? (nervous)
33. Mum worked....................... yesterday. (busy)
34. Nelly always dresses .... (beautiful)
35. Mrs. Grant got some .... flowers. (lovely)
36. Cindy can swim....................... (fantastic)
37. Our kites are very .... in the sky. (high)
38. Tim .... tells us that he's the winner of the first prize. (pround)
39. Please, give me some bread, I'm so .... (hungry)
40. Luci .... found her ring in the .... grass. (lucky / high)

3. Adjectivul și gradele de comparație a acestuia

La această parte a capitolului 7 vom discuta despre adjective.

Cu siguranță îți mai aduci aminte de când erai pe băncile școlii de lecțiile de gramatică mai accesibile, și anume cele cu adjectivul. Erau ușor de parcurs și parcă dintr-o dată gramatica începea să fie chiar faină.

Exact același sentiment vreau să-ți transmit și eu aici. O ultimă parte a acestui modul, ușor de parcurs și de înțeles, fără prea mult efort.

Așadar, haide să vedem ce înseamnă defapt adjectivul în limba engleză și ce rol are acesta în conversația noastră de zi cu zi.

Adjectivul sau cuvintele mici sunt acele cuvințele care pot face diferența atunci când vine vorba de descrierea sau catalogarea a unui substantiv sau chiar pronume.
　　Ce fac de fapt adjectivele? Ele definesc sau caracterizează un anumit lucru, o persoană, un obiect, o ființă sau chiar o stare.

De exemplu eu ți-am descris mai sus această ultimă parte a capitolului 7. Ți-am spus că va fi una *ușoară* și *accesibilă*. Aceste două cuvinte ți-au definit felul în care va fi acest capitol. Deci, prin urmare am folosit două adjective, care au dat un înțeles mai clar și explicit a acestui capitol.
　　Să vedem cum sunt adjectivele întâlnite în conversația noastră de zi cu zi.

Ex. Să presupunem că urmărim buletinul meteo la TV. Acolo auzim următoarele informații:

　　*„Vremea va fi în general **frumoasă, însorită**, fără precipitații. Temperaturile vor fi **ridicate** și **călduroase** în **cea mai mare** parte a zilei. Săptămâna va continua cu vreme deosebit de **frumoasă** și **plăcută** până joi, când vremea va deveni **instabilă** și **posomorâtă**.”*

Mai jos vei regăsi o imagine sugestivă cu o serie de adjective caracteristice anumitor situații. Urmărește imaginea de mai jos și află care sunt cele mai uzuale adjective din limba engleză.

ADJECTIVES

An **adjective** is a word that describes a noun or pronoun such as person, place, thing, or idea.

An adjective can tel...

COLOR	SIZE	SHAPE	TASTE
black	big	boxy	bitter
blue	huge	oval	sour
coral	large	round	sweet
green	little	square	tangy
pink	short	triangular	tart

ODOR	TEXTURE	SOUND	NUMBER	WEATHER
flower	bumpy	faint	few	clear
fresh	furry	harmonious	fifty	dry
musty	slimy	loud	many	foggy
salty	smooth	pleasant	sparse	rain
stinky	squishy	quite	two	windy

Exercițiu: Urmează acum o mică serie de exerciții în care va trebui să descoperi adjectivele ascunse în fiecare propoziție. Mult succes!

1. The music is low
2. He waves the Romanian flag.
3. The white rabbit sits.

4. They have a blue shirt.
5. The tired boy sits.
6. The beer is warm.
7. The wine is cold.
8. The band plays a happy song.
9. The colorful bike is nice.
10. Her dress is red.
11. We have three sisters.
12. This is my newest toy.
13. We exercise a lot every night.
14. They stay at my old apartment.
15. The boy wants that big toy.
16. John is his new friend.

Gradele de comparație ale adjectivului

POZITIV - COMPARATIV - SUPERLATIV

Acum, urmează să parcurgem și gradele de comparație ale adjectivului. Acestea le vom folosi în diferite situații când dorim să intensifică semnificația unei situații anume.

De exemplu: dacă doresc că intensific plăcerea mea pentru un anumit lucru sau persoană voi folosi o expresie de genul:

Her dress is **nice**. =>> Her dress is **nicer** =>> Her dress is the **nicest**.

Rochia ei este **frumoasă**. =>> Rochia ei este **mai frumoasă**. =>> Rochia ei este **cea mai frumoasă**.

Mai jos urmează să parcurgi o listă complexă ale adjectivelor din limba engleză, trecute prin cele 3 grade de comparație: pozitiv - comparativ - superlativ.

Tip: *Nu uita să citeşti cu voce tare şi această listă de adjective. Te va ajuta la îmbunătăţirea pronunţiei şi la îmbogăţirea vocabularului tău în limba engleză!*
Good luck!

Gradele de comparație ale adjectivului

Pozitiv	Comparativ	Superlativ
angry	angrier	angriest
bad	worse	worst
beautiful	more beautiful	most beautiful
big	bigger	biggest
black	blacker	blackest
bland	blander	blandest
bloody	bloodier	bloodiest
blue	bluer	bluest
bold	bolder	boldest
bossy	bossier	bossiest
brave	braver mai	bravest
brief	briefer	briefest
bright	brighter	brightest
broad	broader	broadest
busy	busier	busiest
calm	calmer	calmest
cheap	cheaper	cheapest
chewy	chewier	chewiest
chubby	chubbier	chubbiest
classy	classier	classiest
clean	cleaner	cleanest

clear	clearer	clearest
close	closer	closest
cloudy	cloudier	cloudiest
clumsy	clumsier	clumsiest
coarse	coarser	coarsest
cold	colder	coldest
cool	cooler	coolest
crazy	crazier	craziest
creamy	creamier	creamiest
creepy	creepier	creepiest
crispy	crispier	crispiest
cruel	crueler	cruelest
crunchy	crunchier	crunchiest
curly	curlier	curliest
curvy	curvier	curviest
cute	cuter	cutest
damp	damper	dampest
dark	darker	darkest
deadly	deadlier	deadliest
deep	deeper	deepest
dense	denser	densest
difficult	more difficult	most difficult
dirty	dirtier	dirtiest
dry	drier	driest

dull	duller	dullest
dumb	dumber	dumbest
dusty	dustier	dustiest
early	earlier	earliest
easy	easier	easiest
expensive	more expensive	most expensive
faint	fainter	faintest
fair	fairer	fairest
fancy	fancier	fanciest
fast	faster	fastest
fat	fatter	fattest
few	fewer	fewest
fierce	fiercer	fiercest
filthy	filthier	filthiest
fine	finer	finest
firm	firmer	firmest
fit	fitter	fittest
flaky	flakier	flakiest
flat	flatter	flattest
fresh	fresher	freshest
friendly	friendlier	friendliest
full	fuller	fullest
funny	funnier	funniest
gentle	gentler	gentlest

gloomy	gloomier	gloomiest
good	better	best
grand	grander	grandest
grave	graver	gravest
greasy	greasier	greasiest
great	greater	greatest
greedy	greedier	greediest
gross	grosser	grossest
guilty	guiltier	guiltiest
hairy	hairier	hairiest
handy	handier	handiest
happy	happier	happiest
hard	harder	hardest
harsh	harsher	harshest
healthy	healthier	healthiest
heavy	heavier	heaviest
high	higher	highest
hip	hipper	hippest
hot	hotter	hottest
humble	humbler	humblest
hungry	hungrier	hungriest
icy	icier	iciest
interesting	more interesting	most interesting
itchy	itchier	itchiest

juicy	juicier	juiciest
kind	kinder	kindest
large	larger	largest
late	later	latest
lazy	lazier	laziest
light	lighter	lightest
likely	likelier	likeliest
little	littler	littlest
lively	livelier	liveliest
lonely	lonelier	loneliest
long	longer	longest
loud	louder	loudest
lovely	lovelier	loveliest
low	lower	lowest
mad	madder	maddest
mean	meaner	meanest
messy	messier	messiest
mild	milder	mildest
modern	more modern	most modern
moist	moister	moistest
narrow	narrower	narrowest
nasty	nastier	nastiest
naughty	naughtier	naughtiest
near	nearer	nearest

neat	neater	neatest
needy	needier	neediest
new	newer	newest
nice	nicer	nicest
noisy	noisier	noisiest
odd	odder	oddest
oily	oilier	oiliest
plain	plainer	plainest
poor	poorer	poorest
popular	more popular	most popular
pretty	prettier	prettiest
proud	prouder	proudest
pure	purer	purest
quick	quicker	quickest
quiet	quieter	quietest
rare	rarer	rarest
raw	rawer	rawest
rich	richer	richest
ripe	riper	ripest
risky	riskier	riskiest
roomy	roomier	roomiest
rough	rougher	roughest
rude	ruder	rudest
rusty	rustier	rustiest

sad	sadder	saddest
safe	safer	safest
salty	saltier	saltiest
sane	saner	sanest
scary	scarier	scariest
shallow	shallower	shallowest
sharp	sharper	sharpest
shiny	shinier	shiniest
short	shorter	shortest
shy	shyer	shyest
silly	sillier	silliest
simple	simpler	simplest
sincere	sincerer	sincerest
skinny	skinnier	skinniest
sleepy	sleepier	sleepiest
slim	slimmer	slimmest
slimy	slimier	slimiest
slow	slower	slowest
small	smaller	smallest
smart	smarter	smartest
smelly	smellier	smelliest
smoky	smokier	smokiest
smooth	smoother	smoothest
soft	softer	softest

soon	sooner	soonest
sore	sorer	sorest
sorry	sorrier	sorriest
sour	sourer	sourest
spicy	spicier	spiciest
steep	steeper	steepest
stingy	stingier	stingiest
strange	stranger	strangest
strict	stricter	strictest
strong	stronger	strongest
sunny	sunnier	sunniest
sweaty	sweatier	sweatiest
sweet	sweeter	sweetest
tall	taller	tallest
tan	tanner	tannest
tasty	tastier	tastiest
thick	thicker	thickest
thin	thinner	thinnest
thirsty	thirstier	thirstiest
tiny	tinier	tiniest
tired	more tired	most tired
tough	tougher	toughest
true	truer	truest
ugly	uglier	ugliest

warm	warmer	warmest
weak	weaker	weakest
wealthy	wealthier	wealthiest
weird	weirder	weirdest
wet	wetter	wettest
wide	wider	widest
wild	wilder	wildest
windy	windier	windiest
wise	wiser	wisest
worldly	worldlier	worldliest
worthy	worthier	worthiest
young	younger	youngest

English Vocabulary = Vocabular Englezesc

Acum că ai parcurs un drum lung în cunoaşterea limbii engleze, este cazul să adăugăm şi o mică notă de sclipire vocabularului tău.

De aceea am pregătit pentru tine un mic vocabular de cuvinte necesare de cunoscut şi bineînţeles şi de stăpânit. Ia-ţi timp, pregăteşte-ţi o cană cu cafea, aşează-te comod şi haide să începem. Va fi distractiv!

Tip: *Repetă această parte ori de câte ori ai ocazia! Fie că eşti în metrou, la muncă, să în parc, dacă poţi nu ezita să asculţi acest vocabular esenţial pentru tine!*

A

about = despre
act = a acţiona/fapt
actually = de fapt
add = a aduna
after = după
again = din nou
against = împotriva
age = vârstă
ago = în urmă
air = aer
all = toţi
also = de asemenea

always = întotdeauna
am = sunt
among = printre
an = un/o
and = şi
another = încă unul
answer = răspuns
appear = a apărea
are = sunt/sunteţi
area = arie/zonă
ask = a întreba
at = la

adapt = a se adapta
adjust = a ajusta/adapta
advise = a sfătui
afraid = speriat
afford = a-şi permite
aggressive = agresiv
alive = viu
almost = aproape
already = deja
angle = unghi

Anything = orice
Anywhere = oriunde
Anyway = oricum
anyone = oricine
anybody = oricine
apart = separat/ despărțit
Apply = a aplica
Appointment = programare

Approval = aprobare
Argue = A se certa
Around = în jur
Arrival = sosire
Asleep = adormit
Assault =atac
Attacked = atacat
Assume = A asuma

Attend = A participa
Attach = A atașa
Attitude = Atitudine
Avoid = A evita
Average = Mediu
Away = Departe/ Plecat

B

back = înapoi
ball = minge
base = bază
be = a fi
beauty = frumusețe
because = pentru că
become = a deveni
bed = pat
been = fost
before = înainte

begin = a începe
behind = în spatele
best = cel mai bun
better = mai bun
between = înre
big = mare
bird = pasăre
black = negru
blue = albastru
boat = barcă/ vapor
body = corp

book = carte
both = ambii/ ambele
bottom =fund
box = cutie
boy = băiat
bring = a aduce
brought = adus(ă)
build = a construi
built = construit
busy = ocupat
but = dar
by = prin/lângă

C

call = a chema
came = venit
can = a putea

car = mașină
care = îngrijire/ a păsa

carefully = cu grijă
carry = a căra

centre = centru
certain = sigur
change = a schimba
check = a verifica/cec
child = copil
children = copii
city = oraș
class = clasă
clear = clar/curat

close = aproape
cold = rece
colour = coluoare
come = a veni
common = comun
community comunitate
complete = a completa
contain = a conține

could = (aș/am) puea
country = țară
course = curs
create = a crea
cried = plâns
cry = a plânge
cross = cruce/a traversa
cut = a tăia

D

dark = întuneric
day = zi
decide = a decide
decided = decis
deep = adânc
damage = a strica
danger = pericol
date = dată
develop = a dezvolta
dead = mort
daughter = fiică
dare = a îndrăzni
deal = afacere
debt = datorie
decision = decizie
declare = a declara
defeat = a învinge

deep = adânc
delay = înârziere
delete = a șterge
deliver = a livra
deny = a nega
deserve = a merita
describe = a descrie
did = (Am/Ai/A) făcut
dirty = murdar
disagree = a nu fi de acord/ dezaproba
disappointed = dezamăgit
didn't = Nu a (făcut)

different = diferit
do = a face
document = document
doubt = îndoială
does = (el/ea) face
dog = câine
don't = Nu
door = ușă
dot = punct
down = jos
draw = a desena
drain = scurgere
drop = a scăpa
drawer = sertar
dream = vis
drive = a conduce
dry = uscat

dump = a arunca
duty = datorie

duvet = pilotă
dust = praf

during = în timpul

E

each = fiecare
early = devreme
earth = pământ
east = est
easy = ușor
eat = a mânca
ear = ureche
edit = a edita
effect = efect
effort = efort
elbow = cot

embarrass = a
face de râs
empty = gol
encourage = a
încuraja
enough = destul
enjoy = a se
bucura de
energy = energie
enough = destul
every = (În)
fiecare)

example =
exemplu
experience =
experiență
explain = a
explica
expect = a aștepta
expensive =
scump
eye = ochi
essentials
=esențiale

F

face = față
fact = fapt
false = fals
family = familie
far = departe
farm = fermă
fast = repede
fair = cinstit
fail = a eșua
fake = fals
fall = a cădea
father = tată
farther = mai
departe

fat = gras
feed = a hrăni
feel = a simți
feet = picioare
few = puțini/
puține
fight = luptă
field = câmp
find = găsi
fine = bine
fire = foc
first = primul
fish = pește
five = cinci

fit = potrivit/în
formă
fly = a zbura
floor = etaj/podea
flood = inundație
focus = a se
concentra
fool =a păcăli
folder = dosar
follow = a urma/
urmări
food = mâncare
form = formă
found = găsit

four = patru
friend = prieten

from = de la
front = în faţă

full = plin

G

game = joc
gave = dat
gain = câştig
gap = decalaj
gang = bandă
garlic = usturoi
garden = grădină
gate = poartă
gentle = blând
get = a obţine
girl = fată
give = a da
gift = dar

glow = strălucire
glue = lipici/ a lipi
god = Dumnezeu
go = a merge
goal = scop/ţel
gold = aur
good = bun
got = avut
government = guvern
great = mare/ minunat

green = verde
grab = a apuca
grand = mare
greedy = lacom
grip = prindere
ground = pământ
group = grup
grow = a creşte
gun =pistol/armă
gum = gumă
guy = tip

H

had = avut
half = jumătate
hand = mână
hang = a atârna
happen = a se întâmpla
happened = întâmplat
hard = greu
have = a avea
hate = ură
he = el

heal = a vindeca
held = ţinut
height = înălţime
hear = a auzi
heat = căldură
heavy = greu
help = ajutor
her = pe ea
here = aici
high = înalt
hide = a ascunde
hill = deal

his = a lui
hold = a ţine
hole = gaură
holy = sfânt
hope = speranţă
home = acasă
horse = cal
hot = fierbinte
hour = oră
house = casă
hug = a îmbrăţişa
huge = enorm

humid = umed
hungry = flămând

hurt = rănit
husband = soț

hundreds = sute

I

idea = idee
if = dacă
important = important
in = în
inside = înăuntru
include = a include
into = în
indeed = într-adevăr

injure = a (se) răni
innocent = nevinovat
inspect = a inspecta
install = a instala
insist = a insista
instant = imediat
insult = a insulta
interest = interes

interrupt = a întrerupe
introduce = a introduce
invite = a invita
involve = a implica
iron = fier
is = este
island = insulă
it = el/ea (obiecte/animale)

J

job = slujbă
joy = bucurie
jaw = falcă
join = a (se) alătura

journey = călătorie
just = doar/just
justified = justificat

junction = legătură
joke = glumă
jump = a sări
junior = junior
juice = suc

K

keep = a ține/păstra
key = cheie
kick = a lovi

kid = copil
kidnap = a răpi
kill = a omorî
kind = bun/blând

king = rege
knew = știut
knight = cavaler
know = a ști

known = ştiut/   kiss= sărut   knot = nod
cunoscut   knee = genunchi

L

label = etichetă	learn = a învăţa	live = a trăi
land = pămînt	leave = a pleca/	long = lung
lady = doamnă	părăsi	lock = a încuia/
lamb = miel	left = stânga	lacăt
lane = bandă/	leak = spărtură	load = încărcătură
culoar	less = mai puţin	lose= a pierde
law = lege	let = a lăsa	loud = tare/
layer =strat	letter = scrisoare	zgomotos
lazy = leneş	life = viaţă	loyal =loial
language = limbă	light = lumină	look = a privi/a se
large = mare	like = a plăcea	uita
last = ultimul	line = linie	love = dragoste
late = târziu	link = legătură	low =jos/scăzut
later = mai târziu	list = listă	luck = noroc
laugh = a râde	listen = a asculta	lunch = prânz
lead = a conduce	little = mic	

M

machine = maşină	mail = poştă	measure = măsură
made = făcut	main = principal	men = bărbaţi
make = a face	male = masculin	mean = valoare
man = bărbat	manner = manieră	medie
many = mulţi/	margin = margine	meaning = înţeles
multe	market = piaţă	meet = a întâlni
map = hartă	matter = materie	medicine =
mark = notă/semn	mattress = saltea	medicină/doctorie
may = a putea	mean = rău	melt = a topi

mercy = milă/ îndurare

member = membru

might = a putea/ putere

mind = minte

minute = minut

miss = a duce dorul/a rata

migrate = a migra

minor = minor

mistake = greşeală

modern = modem

money = bani

month = lună

moon = lună (de pe cer)

more = mai mult

morning = dimineață

most = cel mai mult

mother = mamă

mountain = munte

mouth = gură

move = a muta/ mişca

much = mult/ multă

murder = crimă

mud =noroi

music = muzică

must = trebuie

mystery = mister

my = mea/mea

N

name = nume

nail = cui

naked = dezbrăcat

nasty = rău/ neplăcut

natural = natural

nature = natură

naughty = obraznic

nation = națiune

near = aproape

need = (a avea) nevoie

neighbour = vecin

nephew = nepot

never = niciodată

new = nou

next = următorul

night = noapte

no = nu

normal = normal

nose = nas

nothing = nimic

noon = amiază/ prânz

notice = aviz/a remarca

north = nord

note = notă/a observa

noun = substantiv

now = acum

numb = amorțit

number = număr

O

object = obiect

obey = a asculta

obstacle = obstacol

obvious = evident

occur = a avea loc

offer = ofertă
of = de
off = din/de pe
office = birou
often = des
offensive = ofensator
oil = ulei
old = bătrân/vechi
on = pe
once = o dată
one = unu/una

only = doar
opposite = opus
optimistic = optimist
opportunity = oportunitate
open = deschis
or = ori/sau
orange = portocaliu/ portocală
order = ordin/ comandă

organ = organ
original = original
other = alt/alta
our = nostru
out = afară
oven = cuptor
oval = oval
over = peste
owe = a datora
own = propriu/a deține

P

page = pagină
pale = palid
panic = panică
parcel =pachet
parent = părinte
pants = pantaloni
part = parte
partner = pertener
pair = pereche
pass = a trece
passed = trecut
patient = răbdător/pacient
paw = labă
pay = a plăti
peel = a decoji

pen = stilou
people = oameni
perhaps = poate
person = persoană
perfect =perfect
pile = grămadă
pity = milă
picture = fotografie
place = loc
plane = avion
plant = plantă
play = a (se) juca
plug = priză
plenty = destul
point = punct

pour = a turna
poor = sărac
possible = posibil
power = putere
probably = probabil
problem = problemă
product = produs
provide = a furniza
practice = a exersa
prepare = a (se) pregăti
praise = a lăuda

price = preţ
prove = a dovedi
produce = a produce
pull = a trage

punch = a lovi cu pumnul
pump = pompă
punish = a pedepsi

purse = geantă
push = a împinge
put = a pune

Q

question = întrebare
quick = repede
quality= calitate
quantity = cantitate

quiet = liniştit
quit - a pleca/demisiona
queue = coadă/a sta la coadă

R

rain = ploaie
ran = a fugit
reach = a atinge/ ajunge
read = a citi
ready = pregătit/ gata
receive = a primi
refuse = a refuza
release = a elibera/da drumul
remain = a rămâne
resource = resursă

responsible = responsabil
reveal = a dezvălui
revenge = răzbunare
red = roşu
rent = chirie/ a închiria
repair =a repara
rich = bogat
rinse = a clăti
rise = a se ridice
river = râu

relationship = relaţie
remember = a-şi aminti
right = drept
road = drum
rock = piatră
room = cameră
round = rotund
rule = regulă
run = a fugi
repeat = a repeta
respect = a respecta
regret = a regreta

S

said = spus
same = acelaşi
saw = văzut
say = a spune
school = şcoală
science = ştiinţă
sea = mare
season = anotimp
second = al doilea
see = a vedea
seem = a părea
self = sine
sentence = propoziţie/ sentinţă
serve = a servi
set = a stabili
several = mai mulţi/multe
shape = formă
she = ea
ship = navă
shelf = raft
short = scurt
should = ar trebui
show = a arăta
shown = arătat
side = parte/latură

simple = simplu
since = de când
sing = a cânta
sit = a sta jos
six = şase
size = mărime
sleep = a dormi/ somn
slow = încet
small = mic
snow = zăpadă
so = aşa/astfel
some = nişte
something = ceva
song = cântec
soon = curând
sound = sunet
south = sud
space = spaţiu
special = special
spell = a scrie/ ortografia
spring = primăvară
star = stea
start = început
stay = a sta
step = pas/treaptă

stood = stat (în picioare)
stop = stop
story = poveste
store = magazin
street = stradă
strong = puternic
stroke = lovitură
stripe = dungă
study = studiu
such = astfel de
summer = vară
sun = soare
sunburn = arsură solară
sunk = scufundat
sure = sigure
surname = nume de familie
support = sprijin
suppose = a presupune
surround a înconjura
surrender = a se preda
stubborn = încăpăţânat
system = sistem

T

table = masă
take = a lua
talk = a vorbi
target = țintă
task = sarcină
taste = gust
tall = înalt
teach = a învăța
tell = a spune
team = echipă
ten = zece
tear = lacrimă
temper = temperament
terrible = teribil
than = decât
that = acela/aceea

the = articol hotărât -ul/-a
their = lor
them = pe ei
then = atunci
there = acolo
these = aceste/acești
they = ei
thing = lucru
think = a gândi
this = acesta/aceasta
those = acele/acei
though = deși
thought = gând
thousand = mie
three = trei

truth = adevăr
time = timp
to = la
together = împreună
told = spus
too = de asemenea
took = luat
top = vârf
toward = către
town = oraș
travel = a călători
tree = copac
try = a încerca
turn = a întoarce
true = adevărat
two = doi

U

ugly = urât
unable = incapabil
undo = a șterge/repara
undress = a dezbrăca
unfair = nedrept
unexpected = neașteptat
uniform = uniform

unpack = a despacheta
unsafe = nesigur
under = sub
understand = a înțelege
until = până
up = sus
upon = peste
us = noi
use = a folosi

useful = folositor
usual = obișnuit
useless = inutil
urge = a îndemna
upload = a încărca
unwell = bolnav
unwise = imprudent
upwards = în sus
utensil = ustensile

V

very = foarte	van = camionetă	violent =violent
voice = voice	vehicle = vehicul	visit = vizită/a
vowel = vocală	video = video	vizita
virtual =virtual	view = vedere	volunteer =
value = valoare	village = sat	voluntar

W

Wait = a aştepta	were = au fost	without = fără
walk = a merge	west = vest	woman = femeie
pe jos	what = ce	wonder = a se
want = a vrea	wheel = roată	întreba
war = război	where = unde	word = cuvânt
warm = cald	which = care	words = cuvinte
was = a fost	white = alb	work = muncă
watch = a privi/	whole = întreg	world = lume
urmări	who = cine	worst = cel mai
water = apă	Whom = cu cine	rău
wave = val	why = de ce	worth = valoare
way = cale	will = voinţă	wound = rană
wake = a trezi	wind = vânt	would = (aş) vrea
we = noi	wide = larg	wood= lemn
wonderful =	willing = dornic	wool = lână
minunat	win = a câştiga	won = câştigat
week =săptămână	winter = iarnă	write = a scrie
weight = greutate	with = cu	wrong = greşit

Y

year = an	yawn = a căsca
yard = curte	yes = da

yell = a striga

yesterday = ieri

you = tu

yoghurt = iaurt

young = tânăr

Z

zip = trage fermoarul

zero = zero

zoom = a mări

BIBLIOGRAFIE

Toate imaginile din acest curs sunt realizate de Gaby Albert Niculce și își rezervă dreptul de autor asupra acestora. Imaginile au fost realizate in programul Ipad Pro folosind applicatia Procreate.

Lightning Source UK Ltd.
Milton Keynes UK
UKHW020607151022
410467UK00008B/30